本书由上海电机学院学科建设项目（项目编号：16YSXK02）资助出版

企业绿色质量管理体系的构建与过程控制研究

隋丽辉　著

东北大学出版社

·沈　阳·

ⓒ 隋丽辉　2016

图书在版编目（CIP）数据

企业绿色质量管理体系的构建与过程控制研究／隋
丽辉著．—沈阳：东北大学出版社，2016.12
　ISBN　978-7-5517-1481-5

　Ⅰ．①企…　Ⅱ．①隋…　Ⅲ．①企业管理—质量管理体
系—研究—中国　Ⅳ．①F279.23

中国版本图书馆 CIP 数据核字(2016)第 287461 号

───────────────────────────────

出　版　者：东北大学出版社
　　　　　　地址：沈阳市和平区文化路三号巷 11 号
　　　　　　邮编：110819
　　　　　　电话：024-83687331(市场部)　83680267(社务部)
　　　　　　传真：024-83680180(市场部)　83687332(社务部)
　　　　　　E-mail：neuph@ neupress. com
　　　　　　http：//www. neupress. com
印　刷　者：沈阳中科印刷有限责任公司
发　行　者：东北大学出版社
幅面尺寸：170mm×240mm
印　　张：11
字　　数：215 千字
出版时间：2016 年 12 月第 1 版
印刷时间：2016 年 12 月第 1 次印刷
责任编辑：刘乃义　　　　　　　　　　　责任校对：文　浩
封面设计：刘江旸　　　　　　　　　　　责任出版：唐敏志

───────────────────────────────

ISBN　978-7-5517-1481-5　　　　　　　定　价：28.00 元

前　言

　　绿色在内涵上意味着经济发展对环境和健康是友好的，在时间上意味着未来不比现在差。自可持续发展理念被提出以来，全球绿色意识不断高涨，世界经济发展朝向更加绿色的方向前进。经济发展的绿色化趋势必然影响到企业的经营和未来的发展前景。质量管理自 20 世纪产生以来，经过质量检验、统计过程控制和全面质量管理三个阶段的发展已日趋完善。目前，几乎所有的企业越来越重视质量管理对提高产品质量和增强企业竞争能力的重要性。然而，质量管理理论和其他经济管理理论一样，认为可以无限地索取自然资源，并且忽略环境保护，面对可持续发展的绿色需求，传统的全面质量管理有其内在的局限性。因此，从可持续发展和环境保护的绿色化角度对质量管理理论和实践进行研究有着十分重要的意义。

　　目前，如何将可持续发展的绿色观念融入质量管理之中，在传统的全面质量管理理论、方法基础上，将资源的有效利用、环境保护和企业的质量经济效益有效结合起来，是企业以及社会共同关注的一个重要课题。本书正是围绕这一问题的解决，将可持续发展的相关理论，应用于质量管理的理论研究，阐述了绿色质量管理的理论体系，构建了绿色质量管理体系，阐述了绿色质量集成管理与控制，在管理评审的基础上，运用网络分析方法进一步对绿色质量管理体系进行了有效的评价。

　　本书首先基于可持续发展理论的绿色观，在传统的全面质量管理的基础上，提出了企业绿色质量管理的概念，分析了绿色质量管理的特征及其形成的理论基础，阐述了绿色质量管理实施的原则，

第 1 章　绪　论

1.1　研究的背景及其意义

1.1.1　研究的背景

近百年的工业发展给人类带来了巨大的财富，改善了人们的生活状况和生命质量，促进了经济的繁荣和发展。然而，它同时也引起了预料之外的生态恶化，人类已经陷入了生存危机，其结果是地球面临着很多生态灾难，包括全球气候变暖、破损的臭氧空洞、森林滥伐和荒漠化、水土流失、生物多样性的丧失、酸雨区蔓延、工业事故及持久性有机污染物的产生[1-2]。由于人类的贪婪和无知，地球变得越来越脆弱，正在不断地被磨损。面对如此重大的生态灾难，人类对当前的经济发展方式的有效性及可持续的生活质量的长期效果提出了质疑，寻求可持续发展成为人类共同关注的话题。

世界环境与发展委员会（WCED）于 1987 年发表的《我们共同的未来》，提出了可持续发展的概念：可持续发展是"既满足当代人需求，又不对后代人满足其需求的能力构成危害的发展"[3]。这种广义发展的思想被世界各国的政府、企业和各种组织接纳并认可。1992 年，在巴西的里约热内卢召开了"世界环境与发展"大会，正式提出了可持续发展战略，并制定了《21 世纪议程》，该文件以可持续发展为中心，加深了人类对资源、环境和发展的认识，把资源、环境等问题与社会经济发展结合起来，树立了资源、环境与发展相互协调的观念[4-5]。1992 年 7 月国务院环境委员会决定组织编制《中国 21 世纪议程》，1994 年 3 月 25 日，国务院第十次常务会议通过了《中国 21 世纪议程》，该文件从我国的具体国情和环境与发展的总体要求出发，提出了促进经济、社会、资源、环境以及人口、教育相互协调、可持续发展的总体战略和政策措施方案[6]。

20 世纪 90 年代以来，消费者对绿色产品的需求与日俱增。据资料显示，

84%的荷兰人、90%的德国人、89%的加拿大人表示，在选择商品时把其对环境的影响看作一个非常重要的因素加以考虑[7]。日常生活中越来越多的居民比从前更重视"绿色"，他们关注绿色健康的小区居住环境，住房装修更多考虑的是绿色环保材料，可持续发展的绿色观念逐渐渗透到各国经济活动的各个方面。

企业作为市场经济的主体，是自然资源的使用者和环境污染的制造者，因此，企业的"资源与环境行为"是使人类可持续发展的关键，也是企业自身适应环境、寻求可持续发展的关键。如面向可持续发展的产品绿色设计、面向可持续发展的绿色供应链管理、面向可持续发展的绿色生产经营管理、面向可持续发展的质量管理、面向可持续发展的绿色营销以及面向可持续发展的组织改革、人力资源管理和文化建设。生态质量管理、ISO14000、清洁生产等与保护环境、降低污染相关的内容成为企业共同关注的话题[5,8-14]。

然而，由于世界上几乎所有的商业活动都围绕着产品和服务，产品和服务的质量对于消费者来说拥有巨大的价值，对于组织的生存承担着重大的责任。质量贯穿以上产品设计、供应商管理、生产管理、营销、组织改革、人力资源管理和文化建设等各方面，最终体现在组织与消费者共同关注的产品和服务中。人类对于资源的使用，主要通过产品来实现，产品是人类投资的物质形式，而产品质量的形成过程，即是资源的消耗过程、污染的产生过程。因此，产品与可持续发展问题发生了紧密的联系。从产品质量的需求、质量设计以及质量的生产、产品销售、服务及生命周期结束后的处置，一系列过程中的资源使用、选择、处置的技术和管理问题都与可持续发展直接相关联。从可持续发展来审视产品的质量具有重要意义[15]。经历了检验阶段、统计质量管理阶段以至于今天的全面质量管理的质量管理将面临绿色的挑战，全面质量管理将向绿色质量管理方向发展。

质量管理的思想和方法在提高企业的竞争力中起着重要的作用[16-18]。随着可持续发展意识的不断提高和深化，忽略对环境的影响的传统竞争模式发生了改变，环境保护问题成为继质量、成本、实效、服务四大竞争要素之后，与企业竞争力关系密切的第五大竞争要素。作为一种先进的管理理念，几乎已经成为占据主导型的企业管理方式之一的全面质量管理（Total Quality Management，TQM），面对全球绿色意识的不断高涨，必须将环境友好和增进健康的绿色观念融入到全面质量管理中以获得可持续的竞争力和过程改进[19]。

然而，目前基于可持续发展和环境保护的一些质量管理思想、方法却相对分散，如何从系统论的角度出发，通过整合，使其系统化、程序化，将其总结、归纳和提升为一种系统的思想与方法体系，使这些思想和方法在实践中相互配合并发挥显著的作用，是我们面临的一个重大的理论与实践课题。可持续发展对全面质量管理提出了新的挑战，适于可持续发展的绿色质量管理将是 21 世纪质量管理发展的必然趋势。

1.1.2　研究意义

在可持续发展的战略要求以及全球经济一体化的环境下，企业的可持续发展，企业可持续竞争力的提高，依靠提高产品质量、满足顾客需要的传统的全面质量管理方法和手段已不能适应新的形势发展的需要。国际贸易需要取得 ISO14000 认证的绿色通行证，企业仅仅拥有绿色产品还不够，需方对企业的生产过程需要全面的了解，了解资源的使用及排放状况，污染的排放即便不涉及贸易的对方国家，但仍然可能被拒绝，因为他们强调地球只有一个。可持续发展从环境和资源方面对企业质量管理提出了各种战略要求，研究基于可持续发展的全面绿色质量管理，无论从企业实践发展的角度还是质量管理理论完善的角度，都具有重大的意义。

1.1.2.1　研究绿色质量管理是质量管理实践发展的要求

适应可持续发展的需要，要求企业质量管理方法在首先满足企业自身可持续发展的同时，能够进一步可持续提高人类生活质量水平。企业质量管理应具有适应环境变化的能力，并能拥有当代最佳的产品质量生产方法，取得并保持强大的竞争力；企业需将可持续发展的思想融入到全面质量管理中，将环境因素融入到质量管理的理念之中，实施全面绿色质量管理以获得竞争优势和持续改进，承担组织生存与持续发展的责任。

（1）实施绿色质量管理是满足顾客生命健康需求的基本保证

随着经济的发展，人们的生活水平在不断提高，人们对产品质量的要求在不断发生变化，从产品的使用性能要求，逐渐发展到 20 世纪 60 年代的安全性、可靠性、可维修性、保障性、经济性等质量特性要求。进入 20 世纪 90 年代，社会环境、经济环境发生了变化，人类对自身生存环境的可持续发展提出了要求，顾客基于环保、健康的需求，为了获得真正意义上的高质量的满意，提出了各种新的需求，如绿色产品、有机食品、环保服装等。实施全面绿色质量管理是满足顾客真正意义上的健康需求的基本保证。

（2）实施绿色质量管理能为企业提供系统的持续改进方法以提高企业可持续的竞争力

对企业而言，质量管理是企业竞争的重要手段，实施全面绿色质量管理，意味着抢占绿色商机。质量管理策略与企业目标紧密相连，质量管理的实践方法和技术能对企业的发展产生重要的影响，是提高企业竞争力的重要手段。全面绿色质量管理强调的达到环保、健康的顾客满意以及基于经济、社会、资源与环境均衡发展的持续改进、全员参与、组织的系统方法等为企业的全面绿色活动提供了总体的目标、有效的改进方法，能够提高企业的持续竞争力。

（3）实施绿色质量管理是消除绿色贸易壁垒、走向国际市场的必然选择

我国已经加入了世界贸易组织（WTO），绿色贸易壁垒已经对我国的外贸出口和经济发展造成了严重的阻碍。我国企业造成的环境污染问题日益严重，面对国际市场上刚刚开始不久的绿色经济竞争，转变企业传统的质量管理，即仅以顾客满意为基准的产品生产理念，实施全面绿色质量管理，将绿色需求、绿色产品、清洁生产、ISO14000 等思想、方法有机结合，是企业消除绿色贸易壁垒、拥有国际市场竞争力的必然选择。

（4）实施全面绿色质量管理是企业实施环境保护和可持续发展基本国策的重要途径

1992 年联合国环境与发展大会（UNCED）的《里约宣言》《21 世纪议程》等文件，要求各国制定并组织相应的可持续发展战略、计划和政策。我国对此做出了积极的响应，制定了《中国 21 世纪议程》，包含我国可持续发展的战略与对策、立法与事实、经济政策等方面的内容。企业实施绿色质量管理，注重资源的有效利用、减少污染的排放，实施绿色的质量管理与控制手段，对产品质量生命周期的全过程实施有效的控制，是实施基本国策的重要途径。

1.1.2.2　研究绿色质量管理是质量管理发展创新的需要

全面绿色质量管理思想与方法正是适应可持续发展的需要，承担企业生存的责任，将可持续发展的资源与环境因素融入到全面质量管理的理论、方法中，从一个崭新的视角或更加宽广的视野看待质量，建立绿色质量的概念；采用适于可持续发展的质量管理方法，追求满足生态平衡发展需求，而不仅仅是传统全面质量管理思想强调的仅仅满足顾客的需求。全面绿色质量管理将是质量管理发展的新阶段，也是质量管理发展的必然趋势。研究全面绿色质量管理对于质量管理的发展与完善有重大的意义。

（1）绿色质量管理是全面质量管理（TQM）的进一步完善

全面绿色质量管理在传统的全面质量管理理论的基础上，更注重对生命、对环境的关注，吸收了全面质量管理的理论与方法的精华，如全面质量管理的一些重要方法——质量管理的控制图、头脑风暴法（brainstorming）、标杆管理（benchmarking）等，融入当前的 ISO14000 认证、清洁生产等，要求在此基础上，扩大质量研究的范围，将环境因素置于质量的含义中，转变质量管理的理念，注重资源的输入控制、过程控制、输出控制，将思想与方法整合，实施全面绿色质量管理与控制。

（2）绿色质量管理是全面质量管理发展的必然趋势

质量管理理论的发展经历了质量检验阶段、统计质量管理阶段、全面质量管理阶段的发展过程，人们在不同的社会背景、不同的社会需求下，归纳、比较、分析、判断、总结出的质量管理发展在相应阶段具有的不同特点，符合人们的认知过程。在目前可持续发展的社会背景下，质量管理的理论与方法具有与全面质量管理不同的特点，建立适应可持续发展的要求，注重生命质量、环境保护、资源利用、污染控制的全面绿色质量管理理论将是全面质量管理理论发展的必然趋势。

（3）绿色质量管理是企业绿色管理理论的重要组成部分

国内外基于可持续发展的绿色管理理论的研究，包括绿色管理思想的提出、绿色管理理论的研究、绿色管理方法的研究、构建企业绿色管理的框架、全面绿色质量管理理论，是绿色管理理论的重要组成部分，对于全面绿色质量管理理论与方法的研究，对进一步完善企业绿色管理理论的研究与发展具有重大的意义。

（4）绿色质量管理是建立全面绿色质量管理体系的重要依据

基于过程的全面质量管理体系模式是在全面质量管理的理论、思想指导下进行的，全面绿色质量管理体系的建立需要以全面绿色质量管理的理论思想为依据，包括各种绿色环保技术的实施均需要一种系统的思想理论作为指导，开展全面绿色质量管理是质量管理各种方法、手段系统实施的需要。

由以上分析可以看出，企业实施绿色质量管理是质量管理发展的必然趋势和迫切要求，既是实践发展的迫切要求，又是学术进步的需要。在此背景下，对绿色质量管理思想、体系与方法的研究，成为当代质量管理研究中的一个亟待开展的前沿性课题。

1.2 国内外有关绿色质量管理研究综述

1.2.1 绿色质量管理的概念

质量管理的发展分为三个主要阶段：20 世纪初到 20 世纪 40 年代的质量检验阶段、40 年代到 60 年代的统计质量控制阶段和 60 年代至今的全质量管理阶段。美国通用电气的费根堡姆（Feigenbaum）和质量专家朱兰（Julan）提出了全面质量管理的思想，即全面质量控制（Total Quality Control，TQC）。

随着科学技术的进一步发展，全面质量管理也在不断地发展和变化，其思想和内容也在不断地发展和充实，国际标准中将全面质量管理称为 Total

Quality Management（TQM），并定义为：以质量为中心建立在全员参与基础上的一种管理方法，其目的是在于长期地获得顾客满意以及组织成员和社会的利益。全面质量管理理论应用到了质量管理实践当中并逐渐完善成熟。

1992年联合国环境与发展大会（UNCED）的《21世纪议程》等文件，要求各国制定并组织相应的可持续发展战略、计划和政策。国内外对质量管理在可持续发展环境下的发展特点及要求做了相关的探索与研究，针对绿色质量管理的研究内容较少，但与之相关的内容有所涉及，主要有基于可持续发展的企业全面环境质量管理的研究、企业生态质量管理的研究、可持续发展环境下的企业战略质量管理的研究及绿色质量管理的研究。

目前涉及有关绿色质量管理的研究有企业全面环境质量管理、企业生态质量管理、企业战略质量管理和企业绿色质量管理。

1.2.1.1 企业全面环境质量管理研究

环境与可持续发展具有密不可分的关系，企业对生产要素的投入很大程度上表现为对自然资源的索取，从而会导致资源问题，而过度地索取还会表现为严重的环境和生态问题，因此，忽略环境和生态问题的经济增长势必会伴随着出现严重的生态失衡和物种消失等现象；同时，生产过程中的排污和消费过程中的废弃物都会造成环境污染问题。随着环境和生态问题的日益加重，不但社会经济发展受到制约，人类的生存空间受到威胁，而且人类的生活质量、生命财产安全也必将受到危害[20]。

1974年，联合国环境规划署（United Nations Environment Program，UNEP）和联合国贸易与发展会议（United Nations Conference on Trade and Development，UNCTAD）在墨西哥召开了"资源利用、环境与发展战略方针"专题讨论会，首次提出了环境管理的概念，其英文为Environmental Management，这里的环境管理注重于宏观层面上的研究，是指实现人类社会可持续发展的环境保护和环境治理。1996年，日本环境厅发表的《环境白皮书》，将环境管理纳入微观层面，书中提出："环境管理是指企业等专业组织不仅要遵守法令等规章制度，还必须积极主动地制定环境保护计划，并加以实施和评价。为此企业应：① 制定有关环境保护方面的方针、目标和计划；② 对此进行实施和记录；③ 对实施情况进行检查并对方针等进行休整，这一系列的程序叫环境经营或环境管理系统。在这个环境管理系统中，对环境保护计划的实施情况进行检查的作业叫作环境检查。"[6]

把环境保护思想融入到企业经营管理过程中，要求企业经营管理的每一个环节都以环境保护为基础，通过实现污染物零排放和资源循环再利用，从根本上解决企业经营活动带来的环境破坏问题。1989年，联合国环境规划署首次提出了"清洁生产"这一术语，并定义为：清洁生产是指将综合预防的环境策略持续地应用于生产过程和产品中，以便减少对人类和环境的风险性。清洁生产的实质是在生产过程中将废物减量化、资源化和无害化。对生产过程而言，清洁生产包括节约原材料与能源，尽可能不用有毒原材料并在全部排放物离开生产过程以前就减少它们的数量和毒性；对产品而言，则是借用生命周期分析（LCA），使得从原材料的取得直至产品的最终处置过程中，竭尽可能将对环境的影响减至最低。清洁生产的基本要素如图 1-1 所示[21-22]。

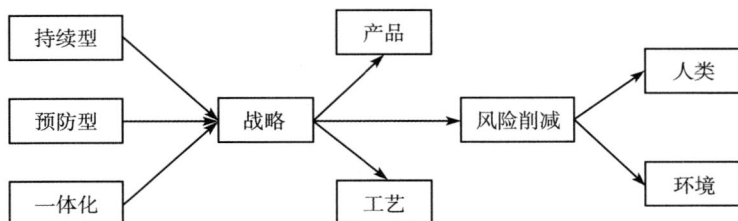

图 1-1 清洁生产的基本要素

Fig. 1-1 Basic factors of clean production

清洁生产强调以环境效率为出发点，降低组织对人类与环境造成的风险，并希望同时带来经济效益，其最终目的是为了达到可持续发展的境界。清洁生产是企业在产品质量得以保证的同时，加强环境保护和降低环境污染的有效方法。

面对全球追求可持续发展的大环境，欧美的许多学者近年来结合清洁生产的理念，相继在 TQM 的基础上提出了基于环境的全面质量管理（Total Quality Environmental Management，TQEM）的全新理念。Joseph Fiksel 把 TQEM 定义为"对那些构成企业产品和运作质量的环境属性进行确认、评价以及持续改善的活动。TQEM 体系的建立主要涉及以下三个方面：① 生产过程转变，以保证产品和整个生产过程符合环境标准；② 同供应商合作，确保购进的原材料本身符合环境标准；③ 把 TQEM 当成企业的管理文化来建设"[23]。TQEM 中所讲的"质量"不仅指产品、服务本身的质量，也包括环境质量。所以 TQEM 是对 TQM 的进一步完善，是 TQM 与清洁生产两种管理哲学的完美融合。Shrivastava Paul 提出的全面质量环境管理的概念（TQEM）认为，全面系统的管理组织环境问题，就像 TQM 在产品设计和生产过程中不断寻求改进一样，TQEM 追求生态管理在组织全系统内的最佳状态。TQEM 运用生命周期理论更好地理解、研究组织与其自然环境之间的最佳关系，在产品生命周期的全过程中考虑生态成本的输入、过程的输出以及最终的输出结果，这样就可以预防生态成本从一种媒介进入另一种（如从空气进入土壤），以及从产品或服务的一个阶段进入另一个阶段，这种预防的实施超出了组织系统的范围，包括产品开发、生产、使用、回收的方方面面[24]。Christian N. Madu 提出的环境质量计划及环境质量的 SWOT 分析方法认为，改变企业的传统技术，使其对环境关注，对环境负责，公司必须实施适应环境变化的环境质量计划，这将是其在国际市场中生存与竞争的关键因素[25]。减少资源的浪费并有效利用资源，企业应从整体考虑，实现 4Rs——循环（recycle）、再利用（reuse）、减少（reduce）和重新设计（redesign），进一步采用环境质量的 SWOT 分析方法，高层管理者及中层管理者在环境质量计划中分析强势（strengths）和弱势（weakness）、机会（opportunities）和不利（threats）因素[25-26]。

国内对此方面的研究主要在质量的环境要求特性上，如陈国权等提出的质量环境特征，指出企业应重新认识面向可持续发展的质量含义，除了传统的产品质量所包含的适用性、可靠性、经济性和美观性外，可持续发展对产品质量提出了新的要求，即有利于可持续发展方面的环境特性，表现在以下几个方面：旨在使用过程中资源和能源消耗少，产品对环境污染小，产品便于制造和修理，产品易于报废和处理，以及产品可循环利用[5]；苏秦等提出的质量的顾客满意度五要素，认为企业的竞争不仅是产品性能、质量等方面的竞争，也是绿色产品、绿色制造与环境保护水平之间的竞争，这就要求企业把环境因素纳入管理之中，在产品、生产、服务、活动的各个环节，依据 ISO14000 标准建立完善环境管理体系，对环境因素进行控制，只有当企业的质量管理体系、环境管理体系都健全有效并追求相同的目标时，才能够持续提供高质量的产品和服务。改变传统的质量的顾客满意四要素——T（时间）、Q（技术质量特性）、C（价格）、S（服务），应将环境因素 E 列为与 T、Q、C、S 同等重要的位置[27]。

1.2.1.2 企业生态质量管理研究

国内外从生态学角度研究企业质量管理与前面研究的环境和质量管理基本是一致的，因为生态学本身就是研究有机体及其环境之间相互关系的科学。Kostas N. Dervitsiotis（2001）的基于生态的可持续的质量观认为作为个体的企业，要想获得更大的成功，必须将自己放在一个新的框架之内，充分考虑在更宽广的范围内，如何获得可持续的质量。TQM 要在更大的范围内持续拥有价值，就要对目前的质量原理与方法采用生态的发展观点进行重构。不仅仅考虑对经济的影响，要扩展到对社会和自然系统产生的影响，即用三个基础点——经济的、社会的、环境的——衡量组织的活动结果，更加关注企业组织的长远发展目标[28]。Qinghua Zhu 和 Joseph Sarkis 提出的生态设计方法，指出从传统的处理质量与成本之间的平衡关系，现在转到了质量与环境之间，期望在某种程度达成双赢（win-win）的状态；在研究如何预防污染的产生时，重点放在了全面质量环境管理及其他的质量手段。质量管理需要对类似清洁生产、绿色采购、生态设计等有关环境管理的因素做更深入的研究[29]。

方梅等认为，生态质量管理意为在保证最终产品的质量和数量的前提下，尽可能减少物质原料的投入，同时整个生命周期中产生的非预期产出在必须满足环境标准的前提下降至最低。从内容上说，它将环境因素纳入质量管理活动，重视产品质量形成过程对生态环境的影响；从过程的角度上讲，它是对那些在产品生命周期内影响产品和运作质量，以及对自然生态环境造成影响的因素进行辨识、评价、确认、控制以及持续改进的综合活动。生态质量管理模式的基础依然是全面质量管理中的 PDCA 循环：计划（Plan）—执行（Do）—检查（Check）—改进与处置（Action）。企业在其中每一个阶段根据前一阶段的成果与经验，拟定下一个阶段的实施重点，通过这种质量管理的循环达到持续趋近综合效益的目的[30]。

北京工业大学的韩福荣教授等系统进行了质量生态学的研究，提出了生态质量管理的概念。指出生态质量观是指包括生态环境在内的综合质量的概念，是产品生命周期的质量，生态质量是环境与生产过程互动的质量，生态质量是以人为本的质量。进一步研究了质量概念的演化过程，指出质量的概念经历了符合性质量—实用性质量—顾客及相关方满意质量的演化过程，已经发展成为质量系统追求卓越的过程。进一步提出了生态质量控制的方法，认为生态控制是使用较少的能源与原料制造数量更多、品质更好的预期产出，同时整个生命周期中的非预期产出必须满足在环境标准的前提下降至最低。他将环境因素纳入企业的质量管理活动，重视产品质量形成过程对生态造成的影响；从过程的角度上讲，它是对那些在产品生命周期内影响企业产品和运作质量，并对自然生态环境造成影响的因素进行识别、控制以及持续改进的综合活动，同时，在提出概念、理论方法的基础上，建立了生态质量管理评价的思路和评价的原则，根据构成生态管理系统的经济、环境、社会三个方面，建立了相应的系统评价指标体系，综合反映了企业的生态管理水平[31-36]。

程灏的以人为本的现代企业的生态质量管理以生态学、人机工程特征和可持续发展理论为指导原则，重视生态技术、生态工艺在产品质量形成过程中的作用，研究开发新技术、新工艺，减少有害废弃物品的排放；建立生态质量指标评价体系，实现企业与企业之间、企业与社会环境之间的协调、持续发展，实现科技与经济的结合，推动经济的健康发展[37]。

1.2.1.3　企业战略质量管理研究

当传统的企业全面质量管理面对可持续发展的要求，重新审视自身的发展前景和发展目标时，便从相对的具体和细节管理上升到一定的战略高度。

Christian N. Madu 等提出了战略性的全面质量管理（strategic total quality management，STQM）。这种新的策略方法，包括经营和生产技术的改进，如研发有效的方法，减少废物的产生，有效利用能源和自然资源，进一步开发绿色的技术和循环计划，生产环保产品，同时，以顾客为关注焦点，实施绿色的环境管理，对社会承担责任。STQM 的管理思想是从公司的全方位管理产品的质量，如公司对于扩大了的且变化迅速的环境有怎样的责任，产品传输过程中对公司环境的安全性的影响[38-39]。Jan Jonker 的现代质量管理观（MQM）指出，质量的产生不能再仅仅局限于组织自身的边界，应将其范围扩展到全社会，而基于组织内部的机理和技术而获得质量需求已经变得危险和过时了，MQM 作为一个概念，首先应是基于对组织、可持续发展和社会价值，承担责任[40]。Rickard Garvare 和 Raine Isaksson 的广义质量观指出，质量的观点随着时间的推移，产生了由以产品为核心的质量观发展到代表企业竞争力的质量观，以顾客为核心的观点不断地转移、扩大到今天的包含环境管理和社会可持续性的广义的含义[41]。Jimenez 等（2001）的 win-win-win 质量观指出，传统的全面质量管理的八项原则之一是要质量管理做到与供方互利，即 win-win 的关系；而经济发展的可持续性至少由企业、政府和消费共同承担，组织的作用在减慢对环境的破坏上更具有意义。组织拥有经济资源、技术知识和制度能力更能关注国际的、长远的生态环境问题，因此，就有可能寻找到解决环境问题的方法。组织通过改进产品或过程的质量，更有效地利用原材料、改进产品质量设计减少对环境造成的风险，以实现经济、环境、社会可持续发展目标，这就是所说的 win-win-win 的最佳平衡局面[42]。

王波的全面质量管理的全新理念指出，传统的 TQM 中所讲的质量往往是基于企业的实际顾客（即那些购买企业产品或服务的个体）出发的，是面向用户的。David Garvin 指出了面向用户质量的 8 个测量维度：① 功能；② 特性；③ 可靠性；④ 一致性；⑤ 耐用性；⑥ 服务水平；⑦ 美感；⑧ 美誉度，并指出这些测量维度都属于较为狭义的质量概念。从广义说，质量的含义取决于它的主体。从战略管理的角度讲，企业的利益主体除了股东之外，还应该包括那些对企业有利益要求的主体（如有可能对企业提出环境质量要求的个人、组织或群体）。所以有必要把 TQM 中的质量内涵加以拓展、延伸，质量也必须是面向全社会公众的[43]。

1.2.1.4 企业绿色质量管理研究

目前，绿色质量管理的研究比较少，主要是国内的学者从绿色质量的概念、绿色质量管理的发展趋势、绿色质量的竞争力几个方面进行的研究。

张长元提出了产品质量的技术质量观、社会质量观和生态质量观以及绿色质量管理阶段的质量管理发展趋势[44]。在产品质量形成和产品消费过程中，应不污染、破坏或少污染、破坏环境与生态系统。树立生态质量观应把绿色纳入质量管理活动中，在全面质量管理活动中必须注入"绿色"意识，要及时地把它推向一个新阶段——绿色质量管理阶段。

杜兰英、张赞提出了企业增强绿色质量竞争力的对策，其中建立了绿色质量的概念，绿色质量，即以满足消费者的绿色需求为目标，综合考虑经济、社会和生态效益，使消费者在保护环境、节约能源等方面得到满意的产品特性。评价产品的绿色质量应包括两方面的内容：一是产品本身是否含有有害于人体和环境的成分；二是产品在设计、生产和消费中是否注重节约资源和保护环境，产品的包装是否易于分解，不污染环境，产品使用后是否可回收利用等[45]。

刘国珍提出了质量管理新模式——绿色质量管理，指出 TQM 作为工业化生产下的一种管理技术，在其"反自然"的倾向的驱使下，必将让位于另一种质量管理模式——绿色质量管理。它立足于"人—自然"系统之上，蕴含着独特的指导思想与管理方法：一是把环境保护纳入企业的决策要素之中，重视研究本企业的环境对策，重视产品的生态价值和生态质量，坚持生态原则；二是重视生态技术、生态工艺在产品质量形成过程中的作用，研究开发新技术、新工艺，减少有害废弃物的排放；三是建立起生态质量指标评价体系和质量保证体系；四是以生态学原理和可持续发展理论为指导原则，推行"绿色质量管理"，树立"存续观"，节约资源，保护资源，促使资源再生；五是质量管理过程始于自然，并终于自然，始终遵循着"自然—生产—消费—自然"的循环[46]。

1.2.2 绿色质量管理体系

质量管理体系是指在质量方面指挥和控制组织的管理体系，也是为保证产品、过程或服务质量满足规定的或潜在的要求，由组织机构、职责、程序、活动、能力和资源等要素构成的有机整体。不同的企业，其质量体系的要素也是不同的，ISO9000：2000 为企业提供了质量管理体系的通用模式，即质量管理体系包含四大过程要素：管理职责、资源管理、产品实现、测量分析和改进。ISO9000：2000 的质量管理体系模式为企业提高产品质量、生产用户满意的产品提供了依据。依据此模式，企业应建立完善的、高效的组织系统，明确各部门的职责和权限，制订管理程序和工作流程，建立完整的信息系统。

20 世纪 90 年代以来，随着可持续发展观念的提出，企业的竞争也发生了变化，不仅是产品性能、质量等方面的竞争，也是绿色产品、绿色制造与环境保护水平之间的竞争。这就要求企业把环境因素纳入企业的管理之中，在产品、生产、服务、活动的各个环节，依据 ISO14000 标准建立完善环境管理体系，对环境因素进行控制。企业质量体系的构建应依据内外环境的需要进行调整，以适应可持续发展的需要和竞争的需要。

目前国内外没有针对企业绿色质量管理体系进行系统的研究，只是对全面质量管理理论指导下 ISO9000 与 ISO14000 一体化体系以及 ISO9000、ISO14000 和 HSE 一体化体系的研究较多，而此部分的研究更多偏重于质量管理体系的标准化管理。

1.2.2.1　ISO9000 与 ISO14000 一体化体系

1995 年国际标准化组织为促进环境保护和可持续发展而制定了 ISO14000 系列环境管理标准，并于 1996 年推行，其目的在于规范组织的环境行为，减少人类各项活动所造成的环境污染，最大限度地节约资源，改善环境质量，促进环境与经济和社会的可持续发展。这套标准与强制性环境标准不同，它是一套推荐性标准，通过认证的方式实施并进行管理，而不是以行政命令的手段进行管理。现已正式颁布生效的 5 个标准是：ISO14001《环境管理体系规范及使用指南》；ISO14004《环境管理体系原理、体系和支持技术通用指南》；ISO14010《环境审核指南通用原则》；ISO14011《环境管理审核审核程序》《环境管理体系审核》；ISO14012《环境管理审核指南》《环境管理审核员的资格要求》。这 5 个标准中，2 个是有关环境管理体系（EMS）的，3 个是有关环境审核的。其中，ISO14001 是所有其他标准的基础，为各类组织提供了一个标准化 EMS 的模式，包括环境方针、策划、实施与运行、检查与纠正措施、管理评审 5 个方面的内容和要求，它们逻辑上连贯一致，步骤上相辅相成，共同保证体系的有效建立和实施，再加上持续改进这一原则，就构成了螺旋式上升的 EMS 模式，如图 1-2 所示。

ISO14000 标准和 ISO9000 族标准都是国际标准化组织（ISO）颁布的，建立 ISO9000 族标准的目的在于规范和提高企业的质量管理水平，促进企业提高产品质量，保障消费者的权益；ISO14000 标准是为了提高企业对环境的注重，促进企业提高环境管理水平，保护环境，加强资源的综合开发利用，防止贸易壁垒。ISO9000 族标准和 ISO14000 标准是对企业内共同的活动过程的规范，规范实现的前提是两套标准的要求应该是相容的。ISO14000 在提出之初就考虑了与 ISO9000 族标准相协调的问题，ISO14000 标准在引言中声明："国际环境标准旨在向组织提供有效的环境管理体系要素，它们可以与其他管理要求相结合，帮助实现环境目标和经济目标。"对于企业管理者来说，无论是质量体

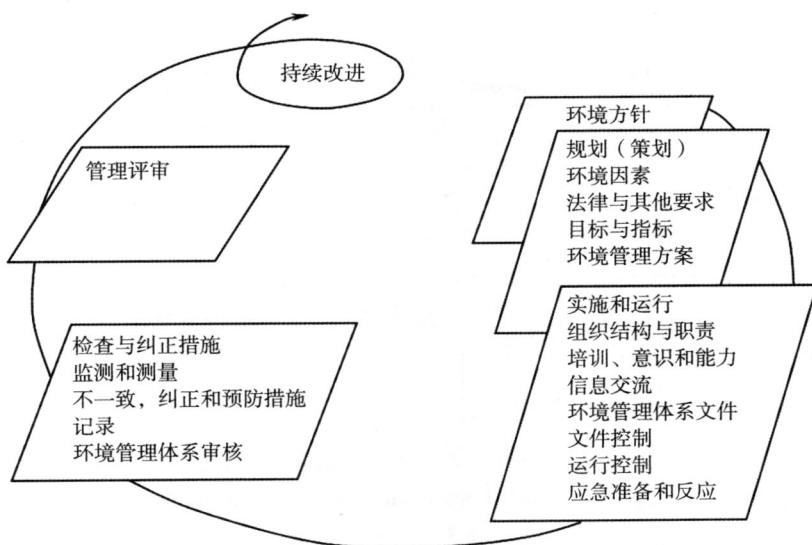

图 1-2 环境管理体系运行过程

Fig. 1-2 Implementition process of environmental management system

系还是环境管理体系，都是在一个企业内部，在同样的人员、同样的产品和同样的生产过程之中，只不过一个是强调管理环境，一个是强调管理质量，这两个方面都是企业总体管理的组成部分。因此，这两个体系只有有机地结合起来，才能协调发展，提高管理效率。分割、独立的两个体系的运行必将带来管理上的重复、混乱或协调的困难。企业质量管理部门和环境管理部门从各自负责的专业范围和管理责任出发，有可能出现争资源、政令不统一、信息不能共享甚至互相排斥的情况[47-49]。可持续发展环境下，只有当企业的质量管理体系、环境管理体系都健全有效并追求相同的目标时，才能够持续提供高质量的产品和服务，建立和维持一个总系统，实现质量管理与环境因素管理的一体化[50]。企业（组织）在进行环境和质量管理体系一体化时，过程方法被当今很多管理体系标准所采纳。过程方法是以组织的日常活动为基础的，它将企业（组织）为实现产品和服务的一个或一系列活动视为一个或一系列彼此相互作用并相互影响的过程[51]。从图 1-3 中可以看到组织的活动是一个横向的流程，而环境和质量管理体系要求是纵向的。来自不同管理体系的要求可以理解为对企业活动中输入要求和输出结果的控制要求。

ISO14001 或 ISO9001 环境/质量一体化管理体系的建立，有利于减少体系要素间的重复，有利于减少体系建立的工作量，避免管理体系的相互不协调甚至矛盾，保证管理体系的统一、有序，提高管理的有效性。ISO14001 或

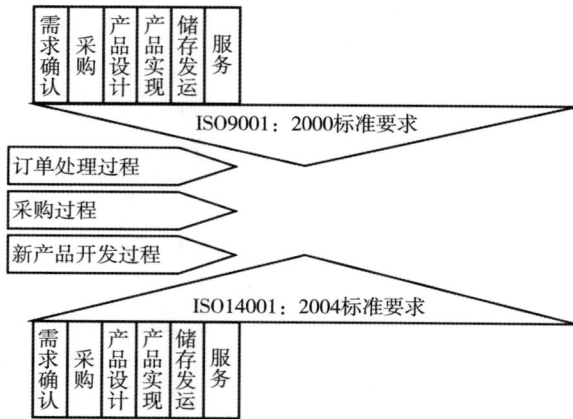

图 1-3 质量、环境管理一体化运行过程

Fig. 1-3 Implementition process of quality，environment system

ISO9001 环境/质量一体化管理体系的建立，为在认证审核中同时审核不同管理体系要求创造了条件，从而显著降低了审核成本，减轻了组织的负担，提高了组织申请认证的积极性[52]。目前，ISO9000 和 ISO14000 的兼容状况为：ISO9001：2000《质量管理体系要求》与 ISO14001：2004《环境管理体系要求和使用指南》是相互兼容的；仍存在不同术语标准的是 ISO9000：2000《质量管理体系基础和术语》和 ISO14000：2002《环境管理术语》；审核标准已经一体化的是 ISO19011：2002《质量和（或）环境管理体系审核指南》[53-54]。

1.2.2.2 ISO9000、ISO14000 和 HSE 一体化体系

质量、环境和职业安全健康一体化的全面管理体系，就是完成质量管理体系、环境管理体系和职业安全健康管理体系的整合，使组织形成产品和服务的质量、环境、职业安全健康的全面管理体系的一体化模式。即根据相关方的要求和组织的情况，制订质量、环境和职业安全健康方针；针对组织的质量、环境和职业安全健康行为和过程建立相应的目标；按照计划的管理体系组织实施运行；根据方针、目标和质量、环境和职业安全健康方针的其他要求，对过程进行监测和检查纠正，通过管理评审，评价内部、外部因素，检查体系的适应性和有效性，进行持续改进。

ISO9000，ISO14000，OHSMS（Occupational Health and Safety Management Systems）系列标准的宗旨都是通过制定、实施一套国际管理标准，指导组织建立保持管理体系，应用一套科学的管理工具，规范并改进管理体系的表现和行为，使之与经济发展相平衡，促进人类社会的可持续发展。因此，三个管理体系有着实现整合的共同基础。三个管理体系的最终目标都是为社会、用户提

供无风险或低风险的产品及服务；三个管理体系所构成的要素，如总要求、方针、计划等有相同或相近性；三个管理体系的运行模式都是 PDCA 循环，即把管理分解为相关的策划（Plan）、实施（Do）、检查（Check）、评审改进（Action）四个阶段，持续的 PDCA 过程是周而复始、不断完善、永无止境的螺旋上升过程。因此，三个管理体系重叠后只是增加了要求，如果在同一个模式下运行，将彼此协调、一体化，从而产生出一个完整的管理体系。值得注意的是，它不仅是三个体系在数量上的重叠，还应该是企业将存在于质量、环境和职业安全健康中的各种潜在风险作为一个系统进行科学系统的全面管理[55]。

质量管理体系（QMS）、环境管理体系（FMS）和职业健康安全管理体系（OHSMS）均属于全面管理（Total Integrated Management System，TIMS）的主要成分，三个管理体系在组织结构、体系内容和审核要求等方面存在着有机联系和互补性。它们的一体化是以质量、环境和职业健康安全为核心，全面质量管理理论为基础，国际管理标准体系为框架，融合其他管理要求的协调一致的管理体系。也可以视为分系统与总系统的关系，即三个子管理体系是全面管理总体系的组成部分并整合为一体[56]。

IMS 的由来以及相关研究与实践的发展都与 ISO9001：2000、ISO14001：1996、OHSMS18001：1999 这三大管理标准密不可分，经过比较发现，ISO9001：2000，ISO14001：1996 和 OHSMS18001：1999 这三个标准虽然存在差异性，但是 QMS，EMS 和 OHSMS 都是组织整体管理系统中的子系统，它们相互依赖并服从于整体管理系统的要求，加之 ISO9001：2000，ISO14001：1996 和 OHSMS18001：1999 这三个标准在性质、理论基础、管理原则和运行模式等方面具有较多的相同和相似性，因此，同一组织内不同管理体系的目标及功能的实现都应当并且可以在一个综合的管理体系中得到统一确定和协调控制[57]。

ISO9001、ISO14001 和 OHSMS18001 在结构上相互趋近而且具有很强的兼容性，这是体系整合的前提条件；三个标准遵循相同的管理原理，采用相同的管理方法，具有相似的框架结构及可兼容的管理性要求，这是体系整合的基础条件；对质量、环境和职业健康安全三个不同的管理体系进行整合，形成一个使用共有要素的单一的一体化管理体系，不但是可行的，其作用也是不言而喻的：可以简化工作流程，避免组织文件的重叠，精简管理的程序文件，明确部门管理职责，明晰组织管理接口，充分利用组织的资源，降低组织的生产成本以及提高组织的工作效率[58]。

1.2.3 绿色质量集成控制

20 世纪 60 年代初，克劳士比创立了零缺陷理论，提出了第一次就把事情做好的核心理念，强调预防系统控制和过程控制，满足顾客要求。1987 年，国际标准化组织（ISO）颁布了 ISO9000 系列标准，美国的 Motorola 公司开始推行 Six Sigma 质量管理。卓越绩效模式的推广，促进了企业质量管理水平与竞争力的提高。1951 年，日本设立了以美国质量管理专家戴明博士命名的戴明奖，对日本经济做出了不可估量的贡献；1988 年，美国设立了波多里奇（Baldrige）国家质量奖；1991 年，欧洲质量组织和欧盟委员会正式设立了欧洲质量奖。我国于 2004 年 8 月颁布了中国质量管理奖的国家标准——《卓越绩效评价准则》。卓越绩效模式是世界上近 70 个国家和地区用于质量奖评审标准的模式，其内容反映了当代最先进的质量经营的理念和方法，是许多世界级企业成功经验的总结。卓越绩效模式可以帮助企业经营者认识组织的竞争优势和需要改进的空间，促使企业在观念上与国际接轨，实现质量管理的创新，提升企业的竞争力和经营能力。

20 世纪 70 年代以来，日本的田口玄一博士提出的"田口（Taguchi）方法"是以工程学和技术观点研究质量管理的理论和方法，它包含四大技术：线外质量控制、线内质量控制、计量管理技术和试验设计技术。

自 20 世纪 80 年代以来，质量工作将以前的"量化质量成本，全面质量控制，可靠性工程和零缺陷"这些方法融合在一起，形成了较为系统的"全面质量"方法。通常而言，质量工程方法不仅有思想，而且配有实效的实现技术（稳健设计、计算机仿真等技术）以及各类波动的监控技术。

20 世纪 80 年代末期美国首先提出先进制造技术（AMT）的概念。先进制造技术比传统制造技术更加重视模式、组织和管理体制的变革，从而产生了一系列技术与管理相结合的新的生产方式。近年来，柔性生产和智能制造（BM）、精益生产（LP）、敏捷制造（CAM）等新的生产模式取得了一定成效，相继出现了准时生产（JIT）、并行工程（Concurrent Engineering）等新的管理思想和技术。

现代科学技术的迅速发展，促使质量控制由传统质量控制向现代质量控制的转变，质量管理已进入与信息技术相适应的新阶段。在质量状态的智能决策和质量过程的智能控制、质量理智预测和质量控制技术方面，在并行工程集成质量控制理论研究方面，在计算机集成系统（CIMS）环境下质量控制技术方面，在质量功能展开（Quality Function Deployment，QFD）研究等方面，国外在学术和技术上均占有优势，这一切都促进了质量控制理论的发展，并对质量管理变革产生了很大影响[59]。

随着先进制造技术、信息技术与现代质量管理技术的发展与融合，集成化质量管理系统（Integrated quality management system，IQM/IQS）已成为现代企业质量管理的重要技术手段之一。集成化质量管理系统主张以计算机、网络等先进信息技术为支撑，通过计算机和网络技术把制造企业质量系统内部相互分离的部门、系统、职能、业务、过程与人员有机地集成在一起，实现质量信息的采集、处理、传递的信息化，实现企业质量管理的信息集成、功能集成和过程集成，保证产品从设计到制造、服务等各个环节的质量，为全面质量管理提供支持[60]。

IQM 是面向信息集成的质量管理，覆盖了产品整个生命周期的所有质量环节，包括产品质量综合信息管理、工程设计质量信息管理、生产准备及辅助信息管理、产品制造质量信息管理和使用过程质量信息管理。集成质量系统能够覆盖整个企业环境并与整个企业环境协同运行，是企业信息化的重要组成部分，在计算机网络和数据库系统的支持下实现质量信息的集成和共享，并为质量形成过程提供决策支持信息。

为了提高产品质量，IQM 必须把相互分离的单元质量保证、质量控制技术通过计算机网络和数据库系统形成有机整体，及时采集、处理与传递质量信息，使涉及产品整个生命周期的质量活动协调运行，并提高对多变的质量要求的适应能力。

质量体系从纵向、横向两方面进行集成。纵向集成是一种层次型集成，即与质量形成有关的信息在企业质量管理中的决策层、管理控制层和执行层之间的自上而下和自下而上的集成；横向集成是一种环状的过程集成，是指产品生命周期各个阶段质量信息的集成，即以市场需求分析、产品设计与开发、生产准备与制造、质量验证、包装与贮存、销售与使用、技术支持与售后服务又回到获取市场需求分析这一质量形成全过程的集成[61]。

基于支持 ISO9000 质量管理体系的集成质量系统设计与实现中，尝试以信息技术、计算机网络技术为基础并结合 ISO9000 标准的要求开发一套支持 ISO9000 质量管理体系的集成质量系统，使企业形成一种可将现代质量控制技术、软件技术、信息技术和 ISO9000 标准完美结合的质量控制系统，从而真正帮助企业改善产品质量，提高企业竞争能力[62]。

基于客户/服务器模式的集成质量系统的研究与开发指出，由系统的体系结构可知，集成质量系统分为 5 个子系统：决策质量管理子系统、设计质量管理子系统、制造质量管理子系统、销售质量管理子系统和综合质量管理子系统，在每个子系统之下，再根据具体产品的生产组织情况配置适当数量的基本过程单元[63]。

现代制造企业质量系统的集成实质上是整个企业环境中与产品质量形成相关的信息、功能和过程的集成，应能实现质量系统内的物料流、信息流、工作流的集成。质量系统应该是企业生产组织管理系统在质量侧面上的综合映射，是企业质量体系的具体体现，质量系统集成的实现最终体现为企业环境中与产品质量形成有关的物料流、信息流、工作流在企业质量体系中有序地运转，为企业范围内的质量控制与管理活动提供运行环境与保障[64]。

目前，国内外针对绿色集成质量系统管理的研究还没有涉及，本书尝试将绿色观念融入集成化的质量管理当中，建立绿色集成化的质量体系管理模式。

1.2.4 绿色质量体系评价

Saraph，Benson & Schroeder（简称 SB&S）在 1989 年首先构造了全面质量管理的结构并且经验性地进行了检验。SB&S 从质量大师戴明（Deming）、朱兰（Julan）、克劳士比（Crosby）等的文献中，总结出了 120 个与全面质量管理相关的组织管理要素，并且通过判断把这些管理要素分组归纳出在组织中有效的全面质量管理最本质的 8 个部分：领导和质量政策、质量部门、培训、产品/服务设计、供应商质量管理、过程管理、质量信息和雇员关系。每个管理要素包括 6~13 个可测量的指标。应用克朗巴哈 alpha 检验其可靠性。通过对文献的回顾、质量经理和质量管理研究者的知识检验其内部有效性。外部的有效性是求八个要素与商业业绩衡量值的相关系数加以检验的。应用因子分析法检验结构的有效性，分析发现过程管理和过程控制不相关[65]。

Flynn，Schroeder & Sakakibara（简称 FS&S）在 SB&S 的基础上继续加以研究，得到了 7 个质量管理要素，更加严格地验证了这些要素的可靠性与有效性。他们把主要的质量管理实践（即输入）与质量绩效（即输出）加以区分，发展了一个可靠并且有效工具去评价质量管理实践活动。质量管理实践部分包括最高领导管理支持、质量信息、过程管理、产品设计、员工参与、供应商信息和顾客信息。计算各要素的相关系数矩阵和克朗巴哈 alpha 检验其可靠性。应用主成分分析法检验结构的有效性。外部有效性、内部有效性与 SB&B 的研究方法类似，只是选取了不同的质量管理的业绩指标[66]。

Anderson，Rungtusanathan，Schroeder & Devara（简称 ARS&D）研究了戴明（Deming）质量管理理论，提出了质量管理结构，包括领导、内部和外部合作、学习、过程管理、持续改进、雇员行为、顾客满意 7 个方面，但在可靠性与有效性的评价中都未有比 SB&S 更好的表现[67]。

Ahire，Golhar & Waller（简称 AG&W）通过指出 ARS&D 的评价体系不具有系统性以及内容和检验上的有效性等问题，说明其很难对质量管理进行评价。他们通过对质量管理理论的总结，提出了 12 个结构要素，指出这些结构涵盖了所有波多里奇（Malcolm Baldrige）奖所认同的本质的质量活动。这 12 个要素为最高领导承诺、以顾客为焦点、供应商质量管理、设计质量管理、以对手为基准、统计过程控制（SPC）、内部质量信息应用、雇员参与、雇员培训、产品质量和供应商绩效。计算每一个要素的克朗巴哈 alpha 和 Wert-Linn-Jorsekog 系数检验其可靠性，由于克朗巴哈 alpha 超过了推荐最小值 0.7，而 Wert-Linn-Jorsekog 系数在 0.73~0.93 之间，超过了推荐最小值 0.5，从而显得比较优越。收敛有效性应用的是 Bebtler-Bonett 系数加以检验，所有各要素下属的子指标都具有相当高的收敛有效性。应用相关系数检验其内部有效性[68]。

我国关于质量管理评价方面的研究始于 20 世纪 90 年代，汪如洋、朱文元等学者撰文提出了层次分析法（AHP）在质量管理体系评价中的应用，并从总体管理、资源管理、过程管理、持续改进管理四方面建立了质量评价的指标体系[69]。

卓德堡、陈良猷认为质量评价根据需求变化在不断发展，可以分为三种类型：以质量保证为目的的评价，注重展示优秀的质量评价，面向过程改进的诊断性评价，建立了以领导、策略和计划、人力资源、组织结构、其他资源、顾客爱好、商业和形象目标、对受益者的贡献和满意为变量的评价模型[70]。

"上海企业质量管理实践的现状研究"课题组借鉴了欧洲质量奖模型，提出了对上海企业质量管理评价的模型。该模型将原欧洲质量奖模型中的"资源管理"一项分为"产品与服务质量保证"和"供货商质量"两项，建立了包括领导、人员管理、质量策略、产品与服务质量保证、供货商质量、质量过程信息、职工参与、顾客满意、社会影响和实施结果十个变量的评价模型[71]。

傅建三撰写的质量管理体系的定量评价方法中，提出了对质量管理评价的 5 个项目（包括适应性、灵敏性、系统性、自控性以及稳定性），并且设置了 5 个指标的定量子指标及其权重，用定量的方法对质量管理体系进行了评价[72]。

王仁鹏、胡宗武、金国强等撰写的《质量管理结构模型研究中的路径分析》一文中，应用递归路径分析的方法分析了美国质量奖结构模型下各个评价指标之间的关系[73]。

苏强、陈剑撰写的《质量管理层次结构模型》一文中，提出了以硬质量和软质量的概念为基础的层次结构模型[74]。

1.2.5 绿色质量管理研究现状评述

1.2.5.1 国内外绿色质量管理内涵评述

从国内外的质量管理研究发展理论可以看出，全面质量管理面对可持续发展的要求存在自身的不足，体现在：

（1）传统的全面质量管理主要关注的是正产出，即预期的产品。从可持续发展的角度来评判，全面质量管理存在着时代的局限：全面质量管理并非全面，即忽视了生产过程中给环境带来破坏的副产出。只有集"正副产出"为一体的"综合质量观"才是完整的和全面的质量管理，并且在满足顾客要求的同时，使相关方的利益也得到实现。

（2）传统的全面质量管理的宗旨是顾客满意（包括社会和组织内成员的满意），它的服务对象仍然是狭隘的，停留在具体的服务对象即顾客的层面上，以顾客需求为出发点和以满足顾客需求为归宿，从可持续发展的要求出发，忽略了资源与环境的可持续发展的要求。

（3）传统的全面质量管理的思想、特点和体系模式都是围绕顾客满意为宗旨展开的，质量管理活动仍然停留在企业内部，没有考虑质量的外部效应，缺乏对产品生命周期全过程的研究，无法适应可持续发展的要求。

全面环境质量管理、生态质量管理、战略质量管理和绿色质量管理的研究都是对传统的全面质量管理的进一步完善，综合考虑了可持续发展的战略要求，但均有局限性。全面环境质量管理强调质量的环境要求的特性，目前的研究更多注重方法的运用，提出的概念也相对浅显、片面，没有进行深刻的剖析。如 TQEM 运用生命周期理论研究组织与其自然环境之间的最佳关系；Christian N. Madu 提出了环境质量计划及环境质量的 SWOT 分析方法，以及减少资源的浪费并要有效利用资源的 4Rs 方法；陈国权等提出了除传统的产品质量所包含的特性外的质量环境的特征；ISO14000 系列环境管理标准用于规范组织的环境行为，减少人类各项活动所造成的环境污染，改善环境质量。以上研究偏重于方法论，全面环境质量管理偏重于环境管理的方法和执行上。

生态质量管理、战略质量管理是较全面的环境质量管理，具有一定的战略高度，但针对战略质量管理的研究缺少了机理研究与具体的实施对策。如Christian N. Madu 等提出了战略性的全面质量管理，从公司的全方位管理产品的质量，公司对于扩大的环境承担责任。Jan Jonker 的现代质量管理观指出，质量的产生不能再仅仅局限于组织自身的边界，应将其范围扩展到全社会；Rickard Garvare 和 Raine Isaksson 的广义质量观认为，以顾客为核心的观点应扩大到包含环境管理和社会可持续性的广义的含义。Jimenez 等的 win-win-win 质量观指出，组织应通过改进产品或过程质量，实现经济、环境、社会可持续发展目标的 win-win-win 的最佳平衡局面。以上战略质量管理，均缺少具体的执行与操作分析，偏重于理念。以北京工业大学韩福荣教授为核心提出的生态质量管理思想是针对目前绿色质量管理理论较为详尽的研究，在提出生态质量观的基础上，建立生态质量控制方法及评价体系，但对于生态质量体系的形成机理缺少详尽的研究。

从环境管理与绿色管理的内涵差异可以看出生态质量管理与绿色质量管理的差异。联合国环境规划署在墨西哥的环境专题讨论会提出，环境管理的概念注重于宏观层面上的研究，是指实现人类社会可持续发展的环境保护和环境治理；而绿色管理更强调处理好企业经营活动与环境保护的关系，更重于微观层次方面[6]。

生态质量管理本身可以同时涉及宏观和微观两方面，宏观方面涉及国家或区域的水的生态质量管理、空气的生态质量管理、土地的生态质量管理、森林的生态质量管理等，而微观的生态质量管理则是处理好企业质量管理与环境保护的关系，可以称之为绿色质量管理。

笔者认为绿色质量管理更为贴切一些。绿色质量管理是指在全面质量管理的基础上，注重资源的节约和环境保护，强调资源的有效利用和循环利用，强调全产品生命周期的环境影响和包括环境成本在内的全生命周期成本的评价。在绿色质量管理思想指导下，针对绿色质量管理理论体系的构成机理，绿色质量管理的含义、特征、体系构建、体系控制及绿色质量管理体系的持续改进将具有新的特征。本书就以上内容，结合国内外绿色质量管理相关研究成果的精华，做深入的探讨与研究。

1.2.5.2 绿色质量管理体系

从 ISO9000 质量管理体系、ISO9000 与 ISO14000 质量环境一体化体系，到 ISO9000、ISO14000 与 OHSMS 质量、环境、健康一体化体系的研究，企业质量管理重视环境保护及人身健康安全问题，在建立以上体系的过程中，企业质量管理理论与实践均得到了发展与完善，并提高了国内市场、国际市场的竞争力，但标准化体系的建立仍然存在以下不足：

（1）三大体系是在传统的全面质量管理思想下建立的，顾客利益至上的思想根深蒂固，虽然也在关注环境保护问题，但只能从形式上重视，ISO14000 重点针对容易引起环境污染的关键点控制，即所谓"头痛医头，脚痛医脚"，没有将绿色的环境保护、和谐发展的意识融入质量管理之中。

（2）标准化体系更容易流于认证的形式，一体化体系的建立作为用于认证的管理模式，可以强化企业的质量管理实施效果，但作为一种保证模式，它首先应以企业的质量管理体系模式为基础；同时，一体化模式在管理高层较容易将三种体系有机地结合起来，在中层和基层就容易将三个体系割裂开，尤其是基层人员，割裂的结果是重复做事和浪费资源。

（3）尽管体系标准在不断修订，但标准化体系在一定时期是相对稳定、处于静态的，不能完全适应现实的变化和发展；以标准为中心的质量管理有时会囿于标准，陷入机械式循环、缺乏创新、不求上进，相对于不断发展的质量管理有一定的滞后性。

绿色质量管理体系是基于绿色质量管理的和谐、健康、环境保护的绿色理念建立起来的质量管理体系，在全面质量管理基础上，充分考虑了包括顾客、社会、环境在内的所有相关方的利益，是一种将绿色质量思想、绿色质量战略融于传统质量管理体系的体系模式，它反映了现实可持续发展的需要，体现了最新的质量管理思想和方法，是动态的、发展的，并能够不断创新；作为绿色保证模式，可以在绿色质量管理体系模式的基础上，结合三标一体化标准体系，建立绿色质量保证体系。

1.2.5.3 绿色质量集成控制

质量管理的控制手段和方法是不断变化和更新的，从事后的检验到统计控制，再到全面的管理，其中涉及更多种类的方法和技术，进一步发展到将多种方法、手段的集成质量管理。现代制造企业质量系统的集成实质上是整个企业环境中与产品质量形成相关的信息、功能和过程的集成，是实现质量系统内的物料流、信息流、工作流的集成。

目前的质量集成管理的范围仍然限于全面质量管理的范围之中，如：

（1）IQM 是面向信息集成的质量管理，覆盖产品整个生命周期的所有质量环节，即以市场需求分析、产品设计与开发、生产准备与制造、质量验证、包装与贮存、销售与使用、技术支持与售后服务又回到获取市场需求分析这一质量形成全过程的集成，不强调自愿的节约与循环控制，不涉及绿色环保的内容。

（2）基于支持 ISO9000 质量管理体系的集成质量系统设计与实现，尝试以信息技术、计算机网络技术为基础并结合 ISO9000 标准的要求开发一套支持 ISO9000 质量管理体系的集成质量系统，可以与 ISO14000 体系集成控制，但缺少系统性，多针对某些环节加以控制，缺少从战略高度考虑资源的循环利用与环境保护。

（3）基于客户/服务器模式的集成质量系统的研究与开发中，由系统的体系结构可知，集成质量系统分为 5 个子系统：决策质量管理子系统、设计质量管理子系统、制造质量管理子系统、销售质量管理子系统和综合质量管理子系统，此种集成系统的服务目标是客户，仍然是狭隘的。

本书尝试将绿色观念融入集成化的质量管理当中，建立绿色集成化的质量体系管理模式。绿色集成质量管理是在集成管理思想的指导下，基于全面质量管理环境下的质量集成管理模式，充分考虑资源的节约、循环和再生利用，将绿色环保的思想贯穿于产品生命周期的每一环节，贯穿于与产品质量形成相关的信息、功能和过程，实现质量系统内的绿色物料流、绿色信息流、绿色工作流的集成；将传统的 QFD 方法与环境影响分析和生命周期结合，建立绿色集成的 QFD 以及绿色 QFD 与 SPC 集成的方法。绿色质量集成管理可以为企业范围内的质量控制与管理活动提供保障。

1.2.5.4 绿色质量体系评价

质量管理的评价指标经历了从单一的产品质量评价到有限个多指标的评价，如 Saraph，Bebson & Schroeder 总结出了 120 个与全面质量管理相关的组织管理要素；Flynn，Schroeder & Sakakibara 在此基础上继续加以研究，得到了 7 个质量管理要素评价；Ahire，Golhar & Waller 提出了 12 个结构要素，发展到对质量体系的评价，评价的范围由点至线至面，对质量管理的评价应该站在"面"上，即从质量体系的角度去评价，既符合质量管理评价的发展的要求，也符合现实发展的客观需要。

实践当中，对于 ISO9000 以及一体化的质量管理体系的评价均采用管理评审的方法，而理论的研究更多采用的是模糊层次评价法，缺少对子集内部要素之间相互关系的考虑。

本书在前人对质量体系评价的指标体系设置、评价方法的基础上，从绿色质量体系出发，考虑绿色质量管理体系的指标设置，将管理评审的方法与网络评价的方法有机结合起来，在管理评审的基础上，设置绿色质量管理体系的评价等级，利用专家打分和层次评价法为指标赋权重，在此基础上，利用模糊评价的方法对绿色质量管理体系进行评价。

1.3 研究的内容、方法与技术路线

（1）研究的内容

本书立足于企业质量管理研究，分析了目前全面质量管理的不足，结合国内外绿色质量管理的相关理论研究，提出了企业的绿色质量管理基本理论，进一步构建了绿色质量管理的体系结构，在此基础上进行了体系要素的分析，并提出了相应的控制方法和评价方法。

本书是对企业绿色质量管理的初步研究，共分 6 章。

① 第 1 章：绪论。共分四部分：第一部分提出课题研究的背景，说明本课题研究的理论意义和实践意义；第二部分对国内外的绿色质量管理的相关研究进行了综述，首先对目前绿色质量管理的相关概念进行了归纳分析，其次是绿色质量管理体系及绿色质量集成控制的研究综述；第三部分对国内外的质量管理研究进行了评述，在此基础上，提出了绿色质量管理的论题；第四部分着重介绍了本书的研究思路、内容、方法与技术路线。

② 第 2 章：企业绿色质量管理的理论体系。共分四部分：第一部分研究了绿色质量管理的概念、内涵，分析了绿色质量管理的特征、原则；第二部分

分析研究了绿色质量管理形成的外部环境；第三部分研究了绿色质量管理形成的内部机制；第四部分研究了绿色质量管理与全面质量管理和环境质量管理的关系。

③ 第3章：企业绿色质量管理的体系构建。共分三部分：第一部分分析了质量管理的基本理论，即主要思想、主要内容和理论基础；第二部分分析了过程方法的基本原理，过程方法策划体系的必要性、原则，以及绿色质量管理的基于过程方法策划的理想模式和过程模式；第三部分在分析绿色质量管理体系过程影响要素的基础上，重点分析了绿色质量管理体系运行机制和特征。

④ 第4章：绿色质量管理体系的过程集成控制。共分四部分：第一部分研究了绿色质量集成管理系统，分析了其集成特点与作用；第二部分研究了绿色集成空间与控制模式，分析了其层次结构以及集成模式；第三部分研究了绿色质量管理的过程集成控制；第四部分研究了集成控制方法技术。

⑤ 第5章：绿色质量管理体系的有效性评价。共分三部分：第一部分研究了绿色质量管理体系的管理评审准则、评审过程以及持续改进；第二部分研究了绿色质量管理体系的指标体系结构；第三部分分析了绿色质量管理体系的网络分析方法。

⑥ 第6章：A公司绿色质量管理体系的构建与评价。以一家公司为例说明绿色质量管理体系的构建和网络分析评价，针对评价结果进行了分析，并给出了完善体系的对策。

（2）研究方法

本书采用的主要研究方法如下：

① 过程方法的运用，主要涉及绿色质量体系的过程方法的构建。

② 集成方法的运用，主要涉及质量系统的集成控制。

③ 整合研究方法与分析相结合的研究方法。本书对前人已有的零散的研究文献、基本思想进行了归纳总结，在此基础上，利用整合的研究方法，建立了绿色质量管理理论和方法体系，再进一步进行了分析和研究。

④ 实证与规范相结合的方法。本书力图把理论规范分析建立在真实、具体的实证分析的基础之上，力求全书的研究具有可操作性，使所提出的理论、方法具有可应用的价值。

⑤ 比较研究方法。本书运用比较研究方法，展开绿色质量管理与环境质量管理的对比研究以及传统的全面质量管理与绿色质量管理的对比研究，更能清晰地阐释绿色质量管理的含义和特征。

⑥ 网络分析评价方法。本书运用网络分析评价方法对绿色质量管理体系的有效性进行了评价。

（3）技术路线

本书的结构框架如图 1-4 所示。

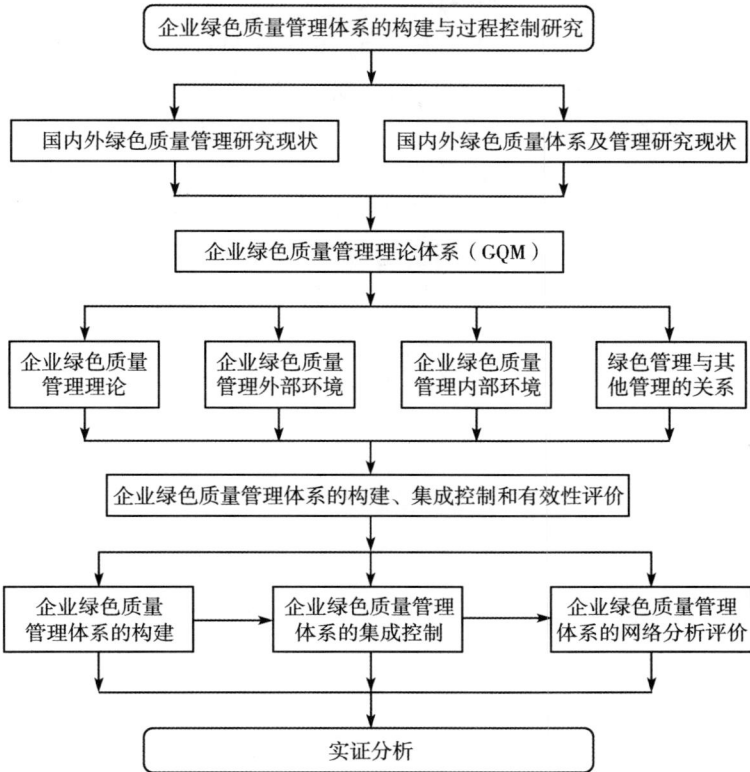

图 1-4 结构框架
Fig. 1-4 Structural framework

本书在对国内外绿色质量管理、质量管理体系以及质量管理与控制的相关研究分析的基础上，建立了绿色质量管理理论体系。首先对绿色质量管理的基本理论进行了概述，包括绿色质量管理的概念、研究内容、原则和特征；继而分析了绿色质量管理形成的机制，从内外环境进行分析，外部环境包括国家的宏观经济政策、绿色文化发展趋势、绿色技术的发展前景以及基于绿色壁垒的国际绿色竞争，内部机制主要包括企业的绿色效益驱动以及面向环境保护的质量管理原则、线形生命周期的局限性；在此基础上进一步分析了绿色质量管理与全面质量管理、环境质量管理的关系，说明绿色质量管理的内涵发展的必然性。

在建立了绿色质量管理概念的基础上，构建了企业实施绿色质量管理的方法，即绿色质量管理体系。首先对质量管理体系的基本理论进行了概述，说明质量管理体系的主要研究内容和理论基础，在此基础上构建了基于过程方法的绿色质量管理体系的理想模式，分析了其特征及运行机制。

在体系建立的基础上，采用绿色质量集成控制方法对其进行了控制，包括绿色质量信息系统的建立，以及基于绿色 QFD 与 SPC 的过程控制，说明绿色 QFD 的实施步骤、绿色 QFD 与 SPC 的集成过程，在集成设计与控制分析的基础上，分析了资源循环的支撑技术。

最后，运用网络分析法对体系的有效性进行了评价，建立了绿色质量管理体系的指标体系，分析了指标的含义。指出网络分析法较传统的模糊层次评价方法的评价意义，分析了评价过程。通过 A 公司的实证研究，说明绿色质量管理理论的构建过程，针对该公司的有效性评价，分析了结果，提出了对策。

第 2 章　企业绿色质量管理的理论体系

2.1　绿色质量管理的基本理论

2.1.1　绿色及绿色质量管理的含义

2.1.1.1　绿色的含义

对于绿色的含义，专家、学者定义如下：

Ryan King 站在产品的角度定义绿色，认为按照公众的观点和规则，绿色的含义意味着对环境负有责任，它包含以下内容：产品是节约型、循环型；产品有效利用自然资源；产品无毒且不含其他放射性物质；产品节约能源和水资源；产品在制造、报废过程中减少对环境的影响；产品带来安全、健康的室内环境。

程兴远认为："绿色"在这里是一个形象用语，泛指一切保护地球生态自然环境的计划、行为、思想、观念、活动等，它赋予了组织一定的社会责任，即实现经济效益的同时，还要实现一定的生态效益、社会效益[14]。

顾国维认为：绿色象征着自然、生命、健康、舒适和活力，绿色使人回归自然。面对环境污染，人们选择绿色作为无污染、无公害和环境保护的代名词[75]。

罗一新、廖巍认为：对"绿色"的理解，不同的单位可稍有区别，如对于企业，"绿色"可理解为生态环境、效益、人类健康与安全等；对于学校、机关，"绿色"则可理解为质量、活力等[76]。

黄志斌、朱孝忠、李祖永认为：绿色的直接含义是环保，绿色的更深层含义即本质含义是"和谐"，它不仅包括人与自然之间的和谐，而且包括人与人之间的和谐，和谐生万物，并使万物生机勃勃，绿色象征着生命[77]。

王能民、孙林岩、汪应洛在其《绿色供应链管理》一书中是如下解释绿色的：绿色代表生命，代表健康与活力，是充满希望的颜色，在国际上一般将绿色理解为生命、节能与环保三个方面。绿色的本质特征直接体现在 5R 上，即节约资源、减少污染（reduce），绿色生活、环保选购（reevaluate），重复使用、多次利用（reuse），分类回收、循环再生（recycle），保护自然、万物共存（rescue）等方面[78]。

本书侧重于王能民、孙林岩、汪应洛对绿色的解释，它包括了前面学者对绿色的定义。定义本书中的绿色：绿色包含和谐、节能、环保三个方面。绿色象征着和谐，象征着人与人、人与社会、人与环境、企业与企业、企业与社会、企业与环境的和谐；绿色代表着节能，绿色质量管理强调主动节约资源和能源；绿色代表着环保，绿色质量管理意味着质量管理活动对环境的负责。企业的节能、和谐与环保的思想行为意味着企业向可持续发展目标的努力，因此，绿色象征着可持续发展。

2.1.1.2 绿色质量管理的含义

刘国珍认为，所谓绿色质量管理，又称生态质量管理，就是融环境保护的观念于企业的经营管理之中。它立足于"人—自然"系统之上，蕴含着独特的指导思想与管理方法：一是把环境保护纳入企业的决策要素之中，重视研究本企业的环境对策，重视产品的生态价值和生态质量，坚持生态原则，即不污染环境，不破坏生态，不浪费或少浪费自然资源；二是重视生态技术、生态工艺在产品质量形成过程中的作用，研究开发新技术、新工艺，减少有害废弃物的排放；三是建立起生态质量指标评价体系和质量保证体系，积极争取"绿色商标"；四是以生态学原理和可持续发展理论为指导原则，推行"绿色质量管理"的企业，首先要树立"存续观"，即为保持企业共生环境有利于"持续性的增长"，节约资源，保护资源，促使资源再生；五是质量管理过程始于自然，并终于自然，始终遵循着"自然—生产—消费—自然"的循环[46]。

张长元认为，树立生态质量观应把绿色纳入质量管理活动中，全面质量管理活动必须注入"绿色"意识，要及时地把它推向一个新阶段——绿色质量管理阶段。

杜兰英、张赞建立了绿色质量的概念，绿色质量即以满足消费者的绿色需求为目标，综合考虑经济、社会和生态效益，使消费者在保护环境、节约能源等方面得到满意的产品特性。具体地说，绿色质量应考虑产品从市场定位、设计开发到原材料采购、生产加工，直至包装、运输、销售和回收的整个过程是否符合环保要求，能否满足消费者的绿色期望，是否达到绿色消费的目的。评价产品的绿色质量应包括两方面的内容：一是产品本身是否含有有害于人体和环境的成分；二是产品在设计、生产和消费中是否注重节约资源和保护环境，产品的包装是否易于分解，不污染环境，产品使用后是否可回收利用等[79]。

刘国珍的融环境保护的观念于企业的经营管理之中的绿色质量管理的定义，界定的范围要更大一些，与企业绿色管理是一致的；张长元将"绿色"意识注入全面质量管理活动之中，主张质量管理的新阶段——绿色质量管理阶段，没有对绿色质量管理的概念做详细解释；杜兰英、张赞对绿色质量的概念进行了阐释，缺少对绿色质量管理的深入研究。

本书中的绿色质量，实际上就是在传统的全面质量内涵的基础上，注入节约、和谐和环保的"绿色"观念，在满足消费者的绿色需求基础上，综合考虑社会、资源和环境的需求，使消费者的满意与社会发展、环境保护、能源节约等方面的满意协调起来。具体地说，绿色质量应考虑产品从市场定位、设计开发到原材料采购、生产加工，直至包装、运输、销售和回收的整个过程能否满足消费者的绿色期望，是否符合节约资源和环境保护的要求。可以理解为一组固有特性满足绿色要求的程度。

本书界定了绿色质量管理的概念：企业绿色质量管理是企业将节约、和谐和环保的"绿色"观念融于企业的全面质量管理之中，将绿色质量作为质量战略目标，在传统的全面质量管理基础上，注重对生命、资源、环境的管理，全员共同参与，承担产品、过程或服务的全生命周期的质量责任，它在追求超越传统的企业组织范围的经济、社会、资源与环境的大系统的平衡的同时，满足顾客的绿色需求，同时，获得自身可持续的发展。

在企业绿色质量管理的思想指导下，进一步建立全面绿色的质量管理理论模式及绿色质量管理体系模式，在社会、资源与环境协同发展的基础上，企业将会获得长期发展，保持持续竞争力。

2.1.2　绿色质量管理的内容

本书基于全面质量管理的研究内容，从质量环境与质量演化、绿色质量管理体系、绿色质量保证体系、绿色质量集成管理与控制、绿色质量管理体系的评价以及持续改进几个方面研究绿色质量管理。

（1）质量环境与质量演化

质量环境是相对于质量系统的界定而存在的，是一切影响着质量系统内部结构和系统功能特性的外在因素的总和。质量环境属性的变迁，影响着质量观念的变化，质量的概念经历了从"符合性质量"到"适用性质量"再到"顾客及相关方满意"这样一个主见的演化过程。从中可以发现，质量概念随着质量环境向着复杂化、多样化并且越来越不稳定的方向变迁，由具体的、孤立的、客观的和解析式的概念逐渐发展成为抽象的、系统的、主观的和综合式的概念。与质量概念的演化历程相似，质量管理的发展历程也是与质量环境密切相关的演化过程。从质量检验到质量控制再到全面质量管理，管理的对象从实物产品到系统的过程再到整个系统的所有相关事物。新经济时代与传统的工业化时代不同，发生了根本性的转变，质量系统与传统的质量系统不同，质量管理不仅仅是企业组织内部的一种管理职能，已经上升到关注环境变化、面向未来决策的战略层次，融入到综合性的企业经营活动之中。

（2）绿色质量管理体系

本书将绿色质量管理体系与传统的全面质量管理环境下的质量管理体系进行对比研究。体系也称为系统，是由相互作用和相互依赖的组成部分结合而成的、具有特定功能的有机整体，是互相联系诸要素的综合体。绿色质量管理体系是一种复杂系统，其范畴已经超出了传统质量管理的组织系统，发展成为超越企业组织边界的立体网络型复杂系统。而复杂系统因其内部众多的组成元素或单元之间的相互作用，并且系统与环境之间的相互影响，使系统的整体功能和外在属性表现出绿色、和谐的特征。传统企业追求自身利益最大化的同时，希望能以更高效率、更低成本与外部企业及组织合作，建立具有共同利益及价值追求的共同体或合作伙伴。这种利益伙伴关系系统，在绿色管理视角审视下，质量系统的优化发展前景应是成为具有同一命运的绿色质量系统，其生存和发展具有统一的利益基础，共同关注可持续发展的和谐性。绿色质量系统的建立，促进伙伴企业之间的绿色合作，有利于社会的经济发展、自然环境的生态保护，有利于整个社会的可持续发展。

（3）绿色质量保证体系

质量保证分为内部质量保证和外部质量保证。内部质量保证是为了使企业领导确信本组织所提供的产品或服务等能够满足质量要求所进行的活动，由此建立的体系称为质量管理体系。外部质量保证是为了使用户或第三方确信本企业所提供的产品或服务等能够满足质量要求所进行的活动，由此建立的体系称为质量保证体系。质量管理体系的建立是质量保证体系建立的基础，同时，质量管理体系的内涵、范围要较质量保证体系的更丰富。绿色质量保证体系可以在绿色质量管理体系建立的基础上，结合质量、职业安全健康、环境的一体化标准管理体系，为用户或第三方提供充分的证据，以证明组织有足够的能力满足相应的质量要求。

（4）绿色质量集成管理与控制

现代制造业环境下，对产品质量进行管理与控制应该是一个综合性管理的概念，局部质量管理的最优与达标是整体质量管理的基础，但并不能保证产品的整体质量。因此，绿色质量管理应该是一个集成化的管理过程，其中，对与质量管理相关的物料流、工作流与信息流的管理需要实现在质量管理中的全方位集成。与现代制造系统模式相适应的绿色质量管理应该能够实现企业管理层次的纵向集成管理，又能够实现覆盖产品全过程的横向集成管理。"纵向集成"是层次型集成，即与质量形成有关的信息流和工作流在企业质量保证体系中的决策层、管理层、实施层和执行层之间的自上而下和自下而上的集成。"横向集成"是过程型集成，即与产品质量形成有关的物料流、工作流、信息流围绕产品对象在起始获取用户并进行市场需求分析。纵向集成与横向集成不是相互割裂的，它们分别从企业的管理组织机构和产品质量形成过程这两个不同的角度描述企业集成化的质量管理系统。纵向上的每个层次内存在着横向关系，横向上的每个环节也都与纵向上的相应环节存在着纵向关系，在纵向和横向两个角度上同时保证集成的实现，可以有效地保证质量系统能够与企业整体环境真正融合在一起，形成一个有机的整体，实现质量信息在企业各层次间顺畅地上传下达，质量活动在产品形成过程中有序进行，质量目标和计划在企业范围内有效贯彻。

（5）绿色质量管理体系的评价

传统的质量管理体系评价主要是通过管理评审的方式进行的。企业最高管理者必须通过管理评审的定期运作，以审视质量管理系统是否有效。企业最高管理者或职业经理人通过全面检查和评价企业的质量方针、目标及质量体系的适宜性和有效性，找出质量体系运行中需提高和改进的方面与环节，制订切实可行的纠正措施并严格执行，从而不断提高企业的质量保证能力和市场竞争能力。绿色质量管理体系的评价将在传统的管理评审的定性评价基础之上，基于网络评价原理，对绿色质量管理体系进行网络评价。此种评价方法，一方面可以为企业管理者提供更为直观的信息，及时发现体系中的不足以进一步改进；另一方面可以为企业提供科学的测量分析方法，实现企业绿色质量管理体系的有效性评价。

（6）绿色质量管理体系的持续改进

企业绿色质量管理体系的构建是基于 ISO9000：2000 的质量管理体系的过程方法，基于过程方法的质量管理体系的运行需遵循全面质量管理的重要思想——PDCA 循环思想。企业依据所建立的市场反馈系统和质量信息系统的信息，不断了解和识别改进的机会，设定质量改进的目标，提出质量改进的方向，采用科学的技术与方法，如统计方法等，对现有的质量系统进行改进。另外，持续改进还意味着强化环境管理体系的过程，目的是根据组织的环境方针，改进整体的环境绩效。绿色质量管理体系的建立本身蕴含着和谐、环保的发展思想，充分考虑到企业的经济利益和环境保护，在这种集成思想的指导下，企业环境管理效果的改进要较单独的环境管理系统下的持续改进好得多。绿色思想在节约资源、治理污染获得改进效果的基础上，反过来会更加促进企业总体利益的提高。

本书在查阅大量相关文献的基础上，根据前人对质量管理的概念、质量管理体系的理论、质量集成控制以及质量体系评价的研究，从绿色质量管理的角度，分析了目前质量体系构建、控制、评价的不足，构建了绿色质量管理体系，进一步提出了绿色集成化控制及网络评价方法。

2.1.3　绿色质量管理的特征

（1）超越传统的全面质量，追求广义的绿色质量

传统的全面质量在满足顾客需求的满意的产品性能质量之外，还包括交货时间、使用效率、寿命周期、可维修性和质量成本等，缺乏对资源与环境因素的考虑，质量涉及的范围相对工业生态系统是狭隘的。广义的质量应是企业绿色质量，即在全面质量管理的质量含义基础上融入节约、和谐、环保的绿色的观念。

（2）质量要求导向的延伸

随着经济的发展，质量管理的理论、方法也是个动态的发展过程，早期的质量要求就是产品质量要求，即产品的适用性，质量要求进一步发展到除了产品之外，还要保证工作质量和服务质量，再进一步发展到满足消费者需求、市场需求。绿色质量管理下的质量要求会继续延伸，在更大的工业生态系统范围内产生影响，满足包括环境市场在内的扩大的市场要求，即产品—服务—消费者—市场—扩大的市场。

（3）质量管理范围的扩大

质量管理的范围从传统的以产品为核心，发展到产品形成的过程，以至于发展到今天的过程网络，即企业的整个组织，但面对可持续发展，它的范围仍然是有限的，它忽略了产品生产过程中对环境产生的影响，忽略了资源的使用效率，以及产品进入消费领域之后到最终寿命结束时对环境的影响，绿色质量管理下的质量管理范围将超越企业组织的范围，即产品—过程—企业组织—超越企业组织。

（4）绿色质量管理战略思想与方法的统一

传统的企业环境质量管理采用清洁生产技术、实施 ISO14000 认证、产品生命周期评价方法以及绿色设计、绿色制造等方法，多数属于方法和手段，没有上升到企业战略高度，缺少相应的质量文化。企业推行绿色质量管理，首先应建立绿色质量战略，指导思想在先，技术方法跟进，建立绿色质量管理体系、模式，将各种绿色技术、方法再有效地结合，使思想与方法统一起来。

（5）质量责任向意愿的转化

传统的质量管理，企业要建立必要的法规和规章制度，建立质量责任制，

使得质量能够得以保证，可以说质量的保证是被动的；绿色质量管理追求质量责任向意愿化发展，全体员工视质量责任为义务，愿意为环境保护做出贡献，可以说是一种主动性的行为，即沿着制度—责任—意愿的方向发展。

（6）内部质量与外部质量的统一

传统的全面质量管理更多关注的是企业组织内部的质量、组织外部的质量，以及产品消费过程中、消费终止时的处置仍然可能会污染环境。对环境影响程度的大小取决于产品质量的设计与形成过程中，因此，绿色质量管理要求承担终身责任，将企业外部质量内部化，内外的协调统一，有助于整体生态环境的绿化。

2.1.4　绿色质量管理的原则

（1）超越满足顾客绿色需求，追求使所有相关方满意

企业应关注、识别、满足顾客和其他相关方的绿色需求和期望，包括当前的、潜在的和未来的需求，确保使所有各相关方均能获益。这不仅是指各种各样的顾客，还指企业的所有者、企业内的员工、企业外的供方、合作伙伴、有关团体、社会和生态环境。

（2）以人为本，全员参与绿色质量管理

企业高层管理人员应倡导将绿色质量作为企业的质量目标，积极发挥员工的合作精神和主人翁精神，调动员工的积极性，群策群力，共同关注企业的发展，并努力使员工满意；同时，加强全员的绿色质量文化的教育、培训，在重视员工自我完善的同时，鼓励学习交流，提高员工素质。

（3）全过程绿色质量管理

包括从研究市场、开发产品开始，经设计、制造、交付、售后服务、消费过程到寿命结束的处置的所有过程，可以将其分为内部过程和外部过程，运用绿色质量管理的过程方法，对有关质量的开发、产生、形成、实现、营销和维护的所有因素，实施基于节约资源和环境保护的以预防为主的控制，将外部过程质量内部化，使可能的质量问题消除在形成之前或形成之中。

（4）承担终身质量责任

绿色质量管理追求基于企业、社会、资源与环境协调发展的大系统的综合满意，注重产品全生命周期的质量，进入消费领域直至生命周期结束后的处置的外部质量对环境的影响，直接与企业的设计、生产、包装等过程有关，外部质量应该内部化，企业承担终身责任。

（5）科学的、切合实际的质量决策和绿色技术质量方法

为了成功地实现绿色质量管理，必须始终以科学的、切合实际的质量决策

来确定质量方针和目标，正确进行质量定位。在绿色质量战略下，企业制订质量发展的方针、目标；同时，运用过程方法，建立绿色质量管理体系，系统地识别和管理所使用的过程以及过程之间的相互关系，识别过程之间的顺序关系，对每个过程确定其输入和输出，确定其为将输入转化为输出的所需活动、资源和支持性过程，然后确定控制准则和方法，并通过运行、监测进行改进。绿色质量管理体系应始终坚持用有效的绿色技术质量方法来分析，促进节约能源、环境保护，进一步解决质量问题。

（6）持续改进，追求卓越

为实现企业的可持续发展，获得长期的成功，需要寻求不断地改进、提高的机会，从资源、技术、方法、环境等多方面分析，不仅在原有基础上寻求改进，还需要不断地创新，追求卓越的业绩。

（7）与供方、环境共利

传统的全面质量管理环境下，强调组织与供方相互依存，互利的关系可以增强双方创造价值的能力。在生态危机日益严峻的今天，人类的利益与其他物种乃至地球的利益已休戚相关地相互交织在一起，要求人们不能不顾一切地追逐人类的利益、仅以双赢去考虑供需双方的关系，而必须考虑人与自然之间的整体利益或从整个生态系统去考虑人与自然的利益和谐，要求人类要认识到包括人类在内的一切事物在本质上是互相联系的，人类利益的选择被自然界整体动态结构的极限所束缚，建立与供方、环境共利的关系，保持在自然系统价值的限度内实现共赢。

2.2　绿色质量管理形成的外部环境分析

2.2.1　基于循环经济理论的经济政策

循环经济是一种新经济发展模式，它以节约资源与保护环境作为经济发展的前提，以实现经济活动的生态化和循环化为目标。资源成本和环境代价等要素的引入，企业发展的"内驱力"会下降，市场机制会"失效"，因此，推进循环经济的发展离不开政府政策的引导和法律的约束。

循环经济（Recycle Economy 或者 Circular Economy）以清洁生产技术、环境无害化技术、废弃物回收利用和再资源化技术为先导，以对环境友好的方式利用自然资源，推动传统的经济流程从开环型转向闭环型、循环型，以实现资源消耗减量化和利用高效化、废弃物资源化和无害化，并实现经济活动的生态化和循环化。长期以来，企业对消耗资源和污染环境常常没有引起足够的重视，传统企业很少从宏观上关心全球资源总量的减少对人类未来产生的影响，也很少考虑污染环境给社会或公众造成的危害。传统市场经济以利润最大化为动力来配置资源，故对资源的代价和环境的成本往往被市场所忽视。当人类开始关注资源和环境，关心经济可持续发展问题，把资源与环境的重要性提升到经济效益之上，提出大力发展循环经济时，人们发现传统的市场机制出现了"失效"，企业也缺乏"内源驱动力"，企业对发展循环经济的一个共同反映是"经济上不合算，企业无利可图"。

为推进循环经济发展，政府必须通过构建政策与法规体系，把发展循环经济的信号转换成市场的自发信号，充分发挥市场在资源配置方面的优势，充分调动企业和社会公众参与发展循环经济的主动性和积极性。

（1）建立宏观的激励经济政策

国务院税务、财政、金融等行政主管部门应制定鼓励循环经济发展的税收、补贴、信贷等优惠政策及其管理办法。主要包括生态补偿政策、生产者责任延伸制度、绿色价格政策、税收优惠与减免政策、各行业推进循环经济发展的管理办法或条例等。也就是说，政府通过政策调整，包括税收政策、财政政策、金融政策以及价格机制、激励机制等，使循环利用资源和保护生态环境有利可图，使企业和个人对生态环境保护的外部效益内部化。

（2）建立利于生态环境的有偿使用制度

建立污染者治理、受益者补偿机制。例如，对于废旧物品回收利用产业、污染物无去化处理产业，可以通过税收优惠和政府补贴等政策，鼓励其生存和发展；在增加生态税、环境税、资源使用税的同时，对企业用于环境保护的投资给予税收抵扣或者减免税收；对污染治理、废旧物品回收处理、再利用技术、清洁生产和绿色生产技术的研究与开发，政府应加大投入力度和财政支持力度；建议专门设立生态环境技术基金，重点支持科研机构和企业进行环保适用技术的研究开发和推广应用等。

（3）建立阶段性、层次性的政策措施

政府必须要在不同的发展阶段采取不同的政策措施。例如：激励性地推行废弃物回收和再利用（初级阶段）的政策；强制性地促进废弃物零排放（中级阶段）的政策；综合性地实现人与自然友好和谐相处和生态与经济的正增长（高级阶段）的政策。对不同的循环经济发展层次，政府的职能也应有所不同。例如，在生态企业的内部循环系统中，政府应采取利益驱动与技术支撑方面的政策；在生态工业园区的发展中，政府应执行整体运筹与组织的职能，提供信贷、进出口、税收等方面的政策；在生态社会的建设过程中，政府应进行周密的规划，与市场推进相结合，采取促进建立不同层次之间循环链接的政策等。

（4）制定国家环保法

国家应把循环经济上升为与保护环境并重的基本国策，明确循环经济理念，修订《中华人民共和国环境保护法》，在总则中对循环经济做出原则性的规定，在分则中单列清洁生产和资源的回收、再生、再生利用的规定办法，补充循环经济相关内容。制定《中华人民共和国循环经济和循环型社会发展促进法》，规定发展循环经济的基本方针、指导思想、基本原则以及具体的法律责任，与《中华人民共和国环境保护法》一起构成我国循环经济的基本法。

（5）制定专门性法律

国家应制定各种专项法，以日本的循环经济法律体系为模本，制定《资源综合利用法》《再生资源利用促进法》《容器包装再利用法》《家电再利用法》《建筑材料回收法》《食品回收法》等多项法律；修订《水污染防治法》《矿产资源法》等专门性的环境法律，对资源的节约、回收、再生利用等做出特殊的规定；修订《政府采购法》《税收征管法》《商业银行法》等法律，在其中纳入对循环经济发展的政府扶持和经济刺激等内容；制定《生态工业园区法》《区域生态建设法》等，将生态工业、生态工业园区、生态农业、生态服务业、生态社区等也纳入循环经济法律体系之中。

通过政府制定的经济政策和法律法规，激励和约束企业行为，为企业实施绿色化管理和生产提供支持，并进行相应的约束。

2.2.2 基于环境伦理的绿色质量文化

基于环境伦理观，企业应建立绿色质量文化，明确质量责任终身化，实施绿色质量管理的终身责任制。

西方环境伦理学产生于20世纪30年代，其创始人是法国学者、诺贝尔和平奖获得者史怀泽（Schweiter）和美国学者利奥波德（Aldo Leopold），作为反人类中心主义者，他们指责人类中心主义思想是造成当今环境危机的根源，认为以人类为中心的传统伦理思想是不充分的，并且不可能在此基础上真正解决环境问题[75-76]。

环境伦理学主要研究人与自然之间的伦理关系，以及受人与自然关系影响的人与人之间的伦理关系。包括：① 企业环境伦理观。环境伦理学是对建立在一定环境价值观基础上的人类道德行为规范的研究，建立企业人与自然和谐统一的整体价值观，即人类利益与自然利益的和谐发展观，既重视人的主体作用，也重视自然应被保护的道德地位，进而在伦理上扩大了道德共同体。建立人与自然和谐统一的环境伦理观，就要建立尊重自然观、代内代际公平观和系统利益共赢观[77]。② 尊重自然观。人对自然的权利和义务要统一起来，人有权利利用自然，通过改变自然资源的物质形态，满足自身的需要；另一方面，人又有义务尊重自然的存在事实，保持自然规律的稳定性，在开发利用自然的同时向自然提供相应的补偿。人与自然的和谐关系已经遭受严重破坏的现实，警戒人类在拥有向自然索取的权利的同时，主动承担起补偿、调整的义务以达到新的和谐。

基于上述环境伦理观，企业应建立绿色质量文化，对环境承担起应尽的责任和义务。

（1）建立绿色质量文化与环境保护意识

随着物质产品的丰富，消费者的环保意识在日益增强，人类的需求观念已不再停留在仅仅获得更多产品上，而是获取更加环保、健康的绿色产品。企业应实施相应的经营战略，把环境保护因素纳入企业的决策因素之中，将"绿色意识"的观念融入企业的经营思想之中。绿色质量管理的含义本身是将环境保护的观念融入全面质量管理之中，在企业的质量战略上树立绿色质量发展战略；而企业环境管理强调处理好企业经营活动与环境保护的关系，在环境保护观念上，二者是一致的。

（2）绿色质量责任的延伸

企业对于环境恶化或造成环境污染的废弃物处理，缴纳绿色税，应承担绿色质量责任。而对于输出的正产品，即交付到消费者手中的产品，传统的企业质量责任只是对产品出现质量问题时承担责任，而对于产品使用后的最终处理则不承担责任，可以把这种看似与企业不相干的质量问题归为外部质量问题。事实上，消费领域产生的废弃物具有累积性和分散性的特征，将其集中起来进行治理是符合效率原则的，让污染制造者付费是天经地义的。但消费所导致的环境污染不能全部归于消费者本身，有理由让生产者承担部分责任，即通常所说的外部质量内部化。从环境伦理角度看，如果产品在一开始设计时就考虑使用较少的材料、无毒的和可以自然降解的绿色材料，那么消费所产生的污染就会减少或者不产生污染和危害，因此，质量绿色责任延伸到产品的最终生命周期结束，企业应承担终身的责任。

（3）质量制度责任向绿色质量意愿责任的转化

企业环境伦理观，亦可称之为企业环境道德观，是企业文化的一部分。对企业与环境关系的道德研究，要求制订和实施符合企业环境伦理的道德原则、道德规范和道德实践，是企业文化的进步。企业按传统方式开发利用资源是资源破坏的最重要的原因，而对于排放的大量废水、废气、废渣，企业从最初的被动治理到形成质量制度责任是一种进步。而当环境道德观成为企业文化的核心时，在企业价值理念上，企业目标不仅是企业利润，还包括社会利益、生命和自然界的利益，企业不能以损害社会利益和生态利益为代价去实现企业的最大利润；企业的生产和产品开发，从设计到产品的回收处理，考虑环境保护和节约能源，进行绿色生产，承担一种绿色的质量意愿责任，可以说是制度责任的升华[78]。

2.2.3 基于环境保护的绿色技术创新

由于各国经济迅猛发展，人口膨胀，无节制地砍伐森林，人为地破坏了地球上的自然资源，同时由于工业废弃物的无管制分解，加速了生存环境的恶化，环境保护和可持续发展成为人们关注的焦点。

事实证明，技术创新是产业发展、生产力提高和改善人民生活质量的强大动力。绿色技术创新也称为生态技术创新，是技术创新的一种，一般把以保护环境为目标的管理创新和技术创新统称为绿色技术创新。绿色技术创新与绿色技术是紧密联系在一起的，绿色技术是指能减少环境污染、节能降耗的技术、工艺或产品的总称，绿色技术创新可以分为绿色管理创新、绿色工艺创新和绿色产品创新三大类。

（1）面向环境保护的绿色技术创新

绿色技术创新会降低环境成本，提高生产效率，使环境保护成为可能。

① 绿色技术创新工艺、产品或管理方式的产生使环境保护成为可能。只有技术创新产品、绿色工艺等的不断开发试制的成功，才能使企业在日趋严格的国内及国际环境保护政策、准则下的生存和发展成为可能。

② 绿色技术创新能够直接降低环境保护成本。从绿色技术创新的内涵来看，它其实是在减少（或增加）人们在生产和消费过程中产生的，譬如企业通过材料创新，可以开发和利用量多价廉的普通材料代替量少价高的稀缺材料，降低由于使用不可恢复资源而增加的成本，同时通过开发耗用后续污染较轻的材料代替污染严重的材料，可以直接减少企业因治理环境污染而产生的成本等。

③ 绿色技术创新能够提高生产效率，间接分解环境保护带来的成本。创新的本质含义是指形成一种创造性思想并将其转换为有用的产品、服务或工作方法的过程，即富有创新力的组织能够不断地将创造性思想转变为某种有用的结果。由于开展了技术创新，企业的生产要素（包括材料、设备、人员等）、要素组合方法、产品等都进行了不同程度的改进，提高了劳动效率和产品产量，实现了规模效应；由于开展了技术创新，赋予了产品更完善的使用功能，提高了产品质量和市场竞争力，扩大了市场份额，间接消化了环境保护所增加的成本。

（2）绿色技术创新使企业实施绿色质量管理成为可能

企业通过实施绿色工艺、技术，生产绿色产品，才真正能够提高其竞争力，实现利润的最大化。

① 追求利润最大化。环境保护往往伴随着企业生产成本的增加，因此，必须依靠技术创新来改进生产工艺，才能最终抵消由政府环保政策硬约束所带来的企业环境成本。环境保护成本的增加意味着企业只有通过技术创新才能保持原有的优势，否则在竞争激烈的市场上必将遭到淘汰，特别在已经加入世界贸易组织的今天，由于其他出口国的环保意识更强，在技术创新领域更领先一步，我国企业只有通过创新才能立于不败之地。

② 提高竞争力。随着绿色意识向生产、消费和贸易等领域的逐步渗透，绿色已经成为企业竞争的重要手段之一，企业要在激烈的竞争中立于不败之地，必须开发绿色技术，以提高整体竞争实力。企业如果在同行业中就环境保护方面表现突出，无疑也能保证其在市场竞争中拥有得天独厚的优势。

③ 提升企业价值。每一个企业都有自己的价值观，都日益重视塑造自身的企业文化，越来越多的企业在谋求经济价值的同时，更加关注自身在公众心目中的形象，力争为社会创造更多的价值。当环境保护在全球成为焦点时，企业必定会为了实现自身价值而进行绿色技术创新，甚至会有企业以绿色技术创新为己任，开发绿色产品，满足人们的绿色需求。

2.2.4　面向国际绿色壁垒的绿色竞争

随着全球贸易自由化和经济一体化程度的不断加深，特别是 GATT/WTO 乌拉圭回合谈判的最终协议实施之后，世界贸易组织成员相互扩大开放市场，进一步降低进出口关税，原有的关税壁垒正逐步被取消；而与此同时，环境保护逐渐成为服务于各国贸易保护政策的武器，一种新的非关税壁垒——绿色壁垒——逐渐构建起来。我国企业要尽力冲破这道障碍，减少绿色壁垒对我国出口贸易的影响，就必须走绿色化发展道路。其中，提高企业的绿色质量，生产优质的绿色产品是关键。

（1）绿色壁垒的主要形式

一般来说，国际市场竞争存在以下几种形式的绿色壁垒。

① 绿色关税和市场准入。发达国家对一些污染环境、影响生态平衡的进口产品课以进口附加税，或者罚款、限制和禁止，有时甚至采取贸易制裁。如 1994 年美国白宫安全会议以我国台湾保护野生动物不力为由，建议克林顿总统对其实行贸易制裁。

② 绿色技术标准。发达国家由于技术水平高，往往利用保护环境之名，

要求进口的产品必须通过严格的技术标准。目前，常见的标准有 ISO9000 系列质量管理标准和 ISO14000 系列环保标准。国际标准化组织（ISO）要求世界各地的制造商在确保自身质量管理体系符合 ISO9000 标准的同时，其生产环境要满足 ISO14000 标准的要求。

③ 绿色环保标志。绿色环保标志是政府管理部门或民间团体依据一定的环境标准向厂商颁发的并印于产品或包装上的一种标志。它表明该产品从研制、生产到使用和处置的整个过程都符合环境保护的要求。德国的"蓝色天使"、北欧四国的"白天鹅制度"等绿色环境标志使发达国家构筑绿色壁垒成为可能。

④ 绿色包装制度。绿色包装制度要求进口产品的包装具有节约资源、减少废弃物、可以再生利用、易分解、不污染环境等优点。目前，世界各国在环境包装方面采取的措施主要有：以立法形式限制某些包装物的使用；制定强制包装再循环或利用的法律、税收优惠或处罚等。

⑤ 绿色卫生检疫制度。发达国家通常以保护环境、确保人类和动植物的健康为名制定严格的环境与技术标准。在国际贸易中，海关将超过环境卫生标准，尤其是超过食品卫生安全标准的进口物品予以退货。很多发达国家往往要求较高的标准，超过了环保需要，发展中国家因为达不到标准而被禁止出口。

⑥ 绿色补贴制度。发达国家为了降低成本，常常把污染严重的产业转移到发展中国家，使发展中国家的环境成本很高。同时，环境问题的解决要求把环境与资源成本内在化，而发展中国家绝大多数企业本身无力承担治理环境的费用，为此政府给予一定的"环境补贴"。发达国家又以"补贴"违反了WTO 的规定为由，限制发展中国家产品的进口。

发达国家的绿色壁垒成为企业外部竞争的压力，而现实竞争者的竞争、潜在竞争者的进入、替代品企业的威胁、供方的砍价能力、买方的竞价能力与绿色壁垒共同决定着企业参与绿色竞争的激烈程度和利润水平。

（2）企业绿色质量策略

企业应确保实施绿色质量管理策略，才能争取在国际市场的绿色竞争中立于不败之地。包括：① 强化绿色观念。企业要转变观念，放开视野，不仅要重视企业的经济效益，更要重视社会和生态效益，使企业的经济效益与环境保护效益协调发展。② 重视绿色技术和人才。企业只有通过自主研究或引进先进的环保技术、生态技术，开发出绿色产品，才能实现环境保护和生态平衡的目标。③ 开发绿色产品。企业加强绿色质量竞争力，最重要、最核心的环节是要开发出绿色产品。④ 清洁生产。产品绿色质量的提高并非仅仅是"末端"治理的结果。如果企业只注重"末端"技术和"末端"治理，那是只治标而不治本。要真正解决环境问题，就要进行"清洁生产"。在生产的各个环节注重节约资源和保护环境，实现"零排放"。⑤ 开展绿色营销。绿色营销是将人类的环境保护意识与市场营销观念相结合的一种现代市场营销观念。企业应建立起一套完整的绿色营销体系，包括开发绿色市场、开辟绿色渠道、树立绿色形象等。

2.3　绿色质量管理形成的内部机制

2.3.1　传统的质量经济效益与绿色效益

传统的经济学与管理学只注重企业的经济效益，忽视了生态环境效益。环境伦理观的系统利益共赢观主张在合法的、不存在绝对的对与错的人与自然的"竞争"中，应提倡"不制造失败者"的共赢式的解决方式，体现在受益者与受损者的利益补偿的权衡中，体现在环境伦理学的对公平与正义的把握中。系统利益共赢观要求人类要认识到包括人类在内的一切事物在本质上是互相联系的，人类利益的选择被自然界整体动态结构的极限所束缚，必须保持在自然系统价值的限度内实现共赢，所以，企业传统的只注重经济效益而忽略环境效益的利益追求必然是狭隘的、不科学的。

近年来，我国绿色食品经济发展呈现出持续增长的态势，产品开发年增长率为 20% 以上，截至 2002 年底，绿色食品产品总数为 3046 个，总生产量达 2500 万 t，产地环境监测面积达 444.67 万 hm²，产品销售额达 597 亿元，分别比 1997 年增长了 241.5%，297.0%，148.2% 和 107.6%。绿色效益正向传统的经济效益挑战[45]。

（1）绿色需求拉动绿色效益

随着收入水平的日益提高，需求重点向更高层次转移，需求结构也随之逐渐高度化。在居民消费需求结构中，消费需求结构也会随着收入的增加而发生相应变动，即由数量型消费需求向质量型消费需求升级。例如，绿色食品有益于人体健康，人们自觉消费绿色食品的积极性就会提高，逐渐形成整个社会浓厚的绿色消费氛围，从而增加有效需求，并逐渐在消费者与生产者之间建立起互促互进的良性循环。在满足消费者绿色需求的动力驱使下，企业获得了更大的绿色收益，同时也起到了推动绿色经济发展的突出功效。

（2）绿色营销推动绿色效益

消费者倾向于接受有利于环保和身心健康的产品和服务，其结果是造就了一个极具前景的绿色市场的机会，给企业实施绿色营销提供了内在的动力。在实施绿色营销的过程中，绿色产品必须与绿色价格、绿色渠道、绿色促销相配合，并积极运用各种社会力量、公共关系，以吸引消费者。① 开发绿色产品。绿色产品是绿色营销组合的基础和关键，开发绿色产品要求企业从市场出发，及时广泛地收集相关的绿色信息，为企业实施绿色营销提供可靠的依据，从而进行绿色产品开发。② 制订绿色价格。企业在生产和营销等方面的环保投入形成的绿色成本应作为绿色价格的一部分，通过绿色价格来反映环境和资源的价值，从而改变那种认为"自然资源可无限攫取"的错误观念。③ 选择绿色渠道。绿色渠道的畅通是成功实施绿色营销的关键。如选择分销商，要注重其绿色信誉，重点选择与本企业有相同绿色意识和有良好绿色形象并能真诚合作的中间商，同时也要考虑他们的经济实力、管理水平等综合情况；设立绿色专柜或绿色产品购销公司，进行绿色产品自销。

（3）绿色技术带来绿色效益

使用绿色技术会降低环境保护成本，如通过开发和利用普通材料代替稀缺材料，降低由于使用不可恢复资源而增加的成本，可以直接减少企业因治理环境污染而产生的成本等。同时，利用绿色技术，可以改进包括材料、设备、人员等要素组合方法，提高劳动效率和产品产量，实现规模效应。开展技术创新，可以赋予产品更完善的使用功能，提高产品质量和市场竞争力，为企业带来绿色效益。

随着社会的发展，面对日益增长的绿色需求和竞争，忽视生态效益的传统经济效益观不仅违背了环境伦理，同时，也不能被企业的长期发展所认可。人们逐渐认识到企业经营管理活动的效益应该包括经济效益、社会效益和生态效益三大效益的有机统一的绿色效益。实现企业可持续发展，进行绿色质量管理，一定要把三大效益有机统一起来，作为企业管理的出发点和落脚点，成为企业生产、经营、管理必须遵循的一条基本原则。

2.3.2 面向环境保护的质量管理原则

质量管理的八大原则是：① 以顾客为关注的焦点；② 领导作用；③ 全员参与；④ 过程方法；⑤ 管理的系统方法；⑥ 持续改进；⑦ 基于事实的决策方法；⑧ 与供方互利的关系[80]。面对可持续发展，21世纪绿色经济战略是必然选择，质量管理八大原则的应用环境发生了变化，八大原则的内容将发生必然的变化，尤其是以顾客为关注焦点的核心原则、实施质量管理的过程方法以及与供方互利的依存关系将会面临较大的冲突，如果不做适当的调整，将无法适应绿色经济发展的要求。

（1）传统原则以顾客为关注焦点，绿色化追求包括环境在内的所有相关方满意

传统的全面质量管理强调"组织依存于顾客"，体现顾客是组织生存的根本，因此顾客的要求和期望必须是组织关注的焦点，组织的所有工作都应以满足顾客要求并争取超越顾客要求为目标；事实证明，仅以顾客满意、追求企业自身利益而无限地向自然资源索取造成的生态恶化已经严重地影响了人类的生活质量。面对环境保护，传统的企业价值观是在满足顾客需求的前提下，追求企业自身利益最大化，但这不能满足环境友好的要求，顾客满意为宗旨的质量管理的核心原则将是狭隘的短期利益原则。企业绿色效益强调对传统的企业、顾客利益满意的超越，建立超越企业、顾客利益满意，追求包括环境效益的综合效益价值观。

（2）传统的过程方法追求"零缺陷"，绿色化的过程方法追求"零污染"与"零缺陷"并进

传统的质量管理的过程方法追求的"零缺陷"通常泛指"零缺陷管理"，质量管理目标达到完美，没有致命缺陷或重大缺陷，轻度缺陷也很少，使用户得到最大程度的满意，为用户创造最大的价值。但它仍然局限在产品本身、顾客本身，忽略了环境友好，不注重污染的预防和治理，不注重资源的循环和再利用，长期发展下去，不可能实现真正意义上的"零缺陷"。

绿色化也强调"零缺陷"目标，但它的"零缺陷"强调首先做到"零污染"，生产者、操作者要努力使自己的产品、业务没有缺点，企业加强环境管理，采取排放达标的零点行动，如促进节能降耗、低污染、低排放的各种措施，不仅可以降低成本，还可以提高员工的环境保护素质，强化环境责任心，防止违反环境管理规定导致的潜在不良后果，保证企业的长期可持续发展。生产中面向产品的开发设计、生产制造以及服务等各环节、各层次的全过程、全方位的管理，保证各环节、各层次、各要素的缺陷趋向于"零"[81-83]。

绿色质量管理体系"双零"目标的并行发展，使得企业的"零缺陷"质量管理思想与"零污染"环境管理思想互相融合，缺陷预防与污染预防相结合，实现企业未来真正意义上的"零缺陷"，给企业带来长期的效益。

（3）传统的质量管理强调与供方互利的双赢（win-win），绿色化强调组织之间、组织与环境之间的共赢（win-win-win）

传统的全面质量管理环境下，强调组织与供方相互依存，互利的关系可以增强双方创造价值的能力。在生态危机日益严峻的今天，人类的利益与其他物种乃至地球的利益已休戚相关地相互交织在一起，要求人们不能不顾一切地追逐人类的利益，仅以双赢去考虑供需双方的关系，而必须考虑人与自然之间的整体利益或从整个生态系统去考虑人与自然的利益和谐，要求人类要认识到包

括人类在内的一切事物在本质上是互相联系的，人类利益的选择被自然界整体动态结构的极限所束缚，建立与供方、环境共利的关系，保持在自然系统价值的限度内实现共赢。

2.3.3 基于线形产品生命周期的绿色环形生命周期

最旱提出产品生命周期理论的是美国经济学家西奥多·李维特（Theodoer Levitt），于1915年在《哈佛管理评论》的一篇文章中被提出来，后来经多位学者加以完善和推广，使之成为一种较为成熟的理论。产品生命周期理论是一个最重要的理论，并受到了广泛的应用。产品生命周期理论认为，一个产品在其从进入市场到退出市场的生命周期过程中，一般划分为四个阶段，即导入期、成长期、成熟期和衰退期[84]。这种生命周期呈线形趋势，循环经济强调资源的循环利用，产品进入衰退期之后要进入另外一种循环，而不是生命周期的结束，应呈现环形趋势。

（1）传统的线形产品生命周期

传统的产品生命周期理论可以视为线形的产品生命周期理论，即导入—成长—成熟—衰退，意味着企业的产品从进入市场到最终被市场所淘汰，其生命周期便结束了。依照生命周期理论，企业产品生产的周期理论沿着设计—制造—销售—服务的线形周期发展。由于市场竞争的激烈，产品的生命周期越来越短，除了像可口可乐、宝洁、奔驰汽车等这些公司能把其强势品牌持续使用并经营下去，更多企业的产品将不可避免地走向衰退，虽然他们也在不断地采取各种营销策略，比如某些产品，电视广告说其产品换代了，包装更新了，实际上，这种形式上的生命周期延续，只能造成真正的资源浪费，最终仍然逃不出被市场驱逐的命运。而对于企业而言，这种线形产品生命周期不会带来长期的可持续发展，同时，还会造成环境的污染，如塑料袋的"白色污染"现象。从整个生态发展来看，线形生命周期是一种资源耗竭性的周期理论，不仅造成资源的浪费，同时，产品生命结束后给自然环境造成的污染和破坏最终也将导致整个生态系统的破坏和不可持续性。

（2）循环经济下的环形产品生命周期

循环经济强调资源的循环利用，以及产品生命结束后的处置和再循环。产品生命结束后形成的废物处置和再循环问题是环形生命周期要解决的问题。所以环形生命周期也可以说是企业产品的多生命周期，即废物的源头预防设计—制造—销售—服务—寿命结束—新的制造。循环强调废物的再利用和再循环。从源头抓好废物的预防是废物减量化的要求。在德国，车辆的设计和生产新的车辆时应该更广泛地考虑方便报废车辆的拆解、再利用和回收，尤其是报废车辆的使用材料以及组成构件的再生利用，汽车厂商作为报废汽车的管理体系中的起点，按照生产者责任制的要求，又是报废汽车收集的责任人，降低处理费用和提高再生利用率，是从环保角度和自身经济角度考虑的明智选择。

21 世纪是绿色经济时代，企业的经济行为与环境行为并存，传统的线形生命周期理论面对环境保护的责任和压力，已不能适应企业生产的需要；日益严峻的生态恶化、资源短缺问题要求企业实施绿色化的生产，要求企业对环境负责，环形生命周期向线形生命周期提出了挑战，企业只有实施绿色的环形生命周期理论，才能保证企业的长期发展。环形产品生命周期理论要求企业必须实施绿色化的质量管理，即绿色化设计、绿色化生产、绿色化销售、绿色化回收处理和再循环。

2.4　绿色质量管理与全面质量管理及环境管理的关系

2.4.1　绿色质量管理与全面质量管理的关系

2.4.1.1　质量管理的演进及全面质量管理的概念

质量管理理论的发展大致经历了质量检验阶段（QI，Quality Inspection）、统计质量管理阶段（SQC，Statistical Quality Control）、全面质量管理阶段（TQM，Total Quality Management）几个发展过程，各阶段的质量管理特征如表 2-1 所示[80-84]。

表 2-1　　　　　　　　　　　**质量管理的演进**

Table 2-1　　　　　　　Development of quality management

时间	推进因素	质量管理的特征
20 世纪初— 20 世纪 30 年代	Frederic W. Taylor 的科学管理；Henri Fayol 的计划与组织	检验职能分离出来，产品质量的事后检验
20 世纪 40 年代— 20 世纪 50 年代	Waller A. Shewhart、W. Edwards Deming、Joseph M. Juran、Armand V. Feigenbaum 的统计控制理论	产品的事后检验与统计的质量控制方法的应用相结合
20 世纪 60 年代— 现在	以上统计方法的全面推广；系统论的产生，可靠性、可信性的提出；Armand V. Feigenbaum 的全面质量控制的提出；W. Edwards Deming 的 14 点管理方法及 PDCA 循环；Joseph M. Juran 的质量计划、质量控制及质量改进的提出；Ishikawa 的质量小组活动及顾客满意；Genichi Taguchi 的产品与过程发挥会最大效用的技术及产品全过程的管理；Crosby 的零缺陷概念	强调过程管理的全面质量管理，加强预防功能，保证质量，注重顾客的满意

事实上，20 世纪 90 年代以后，随着 ISO9000 标准在世界范围内的推广、ISO14000 环境管理体系标准的提出、清洁生产的应用、精益管理与六西格玛管理的实施、可持续发展理论的提出、绿色管理思想的产生等，对动态发展中的质量管理必然产生了一定的影响，追求零缺陷的全面质量管理的发展趋势将进入新的阶段——集环境保护与全面和谐发展于一体的绿色质量管理阶段。

没有一个全面质量管理的定义会被所有的个人或所有的企业共同认可，但它们之间会有共同接纳的方面。

1988 年美国国防部定义 TQM[85]：TQM 既是管理哲学又是一系列的指导组织持续改进的指导原则，利用大量的方法、人员改进组织的产品和服务以及组织的过程，满足顾客现在和将来的需求。TQM 结合组织的管理技术和管理手段以达到持续改进。

国际标准化组织 ISO9000：1994 定义 TQM[86]：以质量为中心建立在全员参与基础上的一种管理方法，其目的在于长期获得顾客满意以及组织成员和社会的利益。

其他的，如 Early 和 Godfrey（1995）、Barry（1991）、Brocka（1992）均对 TQM 做了相关的论述，都围绕着利用一系列的方法手段，减少成本、提高效益，全员参与，进行过程控制，达到顾客满意，并能持续改进[87-89]。Dean 等（1994）、Saylor（1996）、Flynn 等（1994）、Evans 等（1993）、Dahlgaard 等（1998）分别对 TQM 进行了定义，利用全面质量管理的原则、技术、方法，以顾客满意为宗旨，加强团队作用，实现过程的持续改进[90-94]。

对于以上全面质量管理的定义，目前被世界各国普遍接受的是国际标准化组织对 TQM 的解释。

绿色质量管理是在可持续发展战略指导下，在传统的全面质量管理的基础上，注重节约资源、环境保护，企业与生态环境协调发展为宗旨的管理思想，它是在全面质量管理思想基础上孕育起来的，是对全面质量管理的进一步完善。全面质量管理与绿色质量管理的主导思想有很大的不同，但由于都围绕产品、过程或体系而开展活动，所以存在很多共同之处。

2.4.1.2 绿色质量管理与全面质量管理的共同之处

（1）以顾客为关注焦点

不论是全面质量管理还是绿色质量管理，质量管理活动的最终输出结果都是产品或服务，所以顾客对产品或服务的需求是企业组织首要考虑的。全面质量管理环境下，企业应了解、识别和掌握顾客的需求和期望，尤其是了解和识别产品特性的要求；制订与顾客需求一致的质量方针和目标；保持与顾客的沟通，测量顾客的满意度。绿色质量管理也首先应考虑顾客的需求特性，在此基础上研究、分析资源与能源的选择；进一步考虑绿色工艺与技术，进行适宜环境保护的生产过程策划，真正为顾客着想，生产健康产品。

（2）领导的作用

企业领导者要确立组织的统一宗旨和方向，为员工创造一种内部环境，使员工能够积极参与，并为实现组织的目标做出努力。不论是全面质量管理还是绿色质量管理，管理思想的建立、管理活动的执行中，领导起着关键性的作用，他们不仅要制订适宜的质量方针和质量目标，而且要创造和提供一个良好和稳定的工作环境，激励员工创造性地工作，充分参与质量管理，以实现质量方针和目标。如建立质量文化，关心员工、重视人才，为员工提供必需的培训机会等，并能够以身作则，为员工做出表率。

（3）团队的作用

企业各级人员都是企业组织之本，只有他们的共同参与，才能使他们的才干为企业组织带来收益。企业质量工作纵向需要上至最高领导的正确方针、政策的指导，下至基层人员积极执行，需要他们的共同协调来完成；横向需要各个职能部门的通力协作，需要通过各部门员工一致性操作和共同努力所产生的积极协同作用以提高组织绩效。质量工作不仅仅是质量部门的工作，还包括生产部门、采购部门、培训部门、供应部门、销售部门、售后服务部门等的工作。质量活动的展开就要确定各部门、各层次的质量目标，明确各类员工的质量职责，积极倡导推行 QC 小组活动，加强培训、考核，以提高员工的整体素质，进一步提高组织的绩效。

（4）持续改进

对已确立的质量管理体系进行持续改进是企业组织的永恒目标，持续改进符合质量管理的基本思想——PDCA 循环，PDCA 分别代表 Plan（计划）、Do（执行）、Check（检查）、Action（处理）四个阶段的循环上升。质量管理与一切事物一样是在不断发展变化的，都有一个不断适应更新的过程，质量的改进是无止境的。企业应该建立相应的信息系统和反馈系统，了解、识别改进的机会，掌握改进的技术与方法，指导和跟踪质量改进，推进持续改进活动广泛、深入地开展。

2.4.1.3　绿色质量管理与全面质量管理的不同之处

目前的全面质量管理由于环境方面的原因没能达到真正的"全面"，全面质量管理的概念里没有考虑到环境因素，而质量的严格意义上的定义，不仅仅只是持久性地满足传统意义上的顾客需求的满意，而应该是能够保持和谐友好、更高层次的满意价值的，而且应该在生产过程中和最终的产品处理上对自然环境是没有害的。绿色质量管理与全面质量管理的不同之处可以从以下几个方面说明，见表 2-2。

表 2-2 　　　　　　　绿色质量管理与全面质量管理的比较

Table 2-2　Comparison on greenquality management and total quality management

对比因素	全面质量管理	绿色质量管理
实现目标	顾客和组织满意	组织、社会、环境系统综合满意
管理目标	达到零缺陷，持续改进并努力减少最终产品的检验	努力减少产品和生产过程对环境的影响，达到零影响[95]
管理范围	企业组织	组织、社会、环境大系统
质量职责	企业内部与产品、过程、体系相关的职责	企业内部与外部的统一，产品的终身职责
环境保护	全面质量管理的概念里不涉及，但手段、方法里涉及，如清洁生产、ISO14000 认证、产品生命周期评价等	绿色质量管理本身注重环境保护的战略思想，结合清洁生产、ISO14000 认证、产品生命周期评价等方法
战略决策	企业组织利益最大化，保持与供方双赢	注重长期发展，组织与组织、环境之间保持协调发展，追求共赢
驱动力	顾客需求驱动	顾客绿色需求驱动
对比因素	全面质量管理	绿色质量管理
发展方向	在零缺陷的驱使下，将减小废物和排放，向绿色质量资源策略发展	在绿色质量战略指导下，加强环境保护、和谐发展的观念，对绿色技术与方法进行深入研究

2.4.2　绿色质量管理与环境管理的关系

2.4.2.1　环境管理的发展及概念

19 世纪 30 年代，生态学家加勒特·哈丁提出了"公共地悲哀"[96]的概念，深刻而形象地说明了人类行为与自然环境的关系；引申到企业，说明企业不仅从自然环境中攫取公共物品，而且向环境中注入废弃物品，可以说是公共物品悲剧的另一种表现形式。无论是从公共物品中攫取还是向公共物品中排放污染，都已经给我们赖以生存的环境及可持续发展的经济造成了难以弥补的损失[97]。

1974 年，联合国环境规划署（United Nations Environment Program，UNEP）和联合国贸易与发展会议（United Nations Conference on Trade and Development，UNCTAD）在墨西哥召开了"资源利用、环境与发展战略方针"专题讨论会，首次提出了环境管理的概念，其英文为 Environmental Management，这里的环境管理注重于宏观层面上的研究，是指实现人类社会可持续发展的环境保护和环境治理，而企业环境管理更强调处理好企业经营活动与环境保护的关系，更注重微观层次方面。

企业环境管理是人类在生产过程中对环境的不断认识、改善中发展起来的。早在 20 世纪 70 年代和 80 年代初，发达国家企业对环境管理持抵制态度[98]，在这个阶段，企业管理主要关注生产效率问题，包括设计、过程和市场营销等。环境问题在企业计划中根本没有被考虑，企业对建立环境领先地位的目标及受制于规则的政策表示极大的抵触[99-100]。传统上的经理人往往把环境活动看作强加在企业上的成本，因此，对实现企业的利润目标是不利的，拒绝将环境问题纳入总体经营战略。20 世纪 80 年代中晚期以来，当环保运动更加成熟以及有关环境规定更加严格，公众环境意识不断加强，影响到企业的市场绩效时，促使企业的管理者开始谨慎地对待环境问题。企业管理开始打破了纯粹追求利润最大化的理念，开始探讨处理环境问题上的更为积极的、参与型的和反应型的战略[101]，环境管理开始成为某些企业战略管理的一部分。20 世纪 90 年代，美国学者 Klassen 和 McLaughlin 从企业角度提出环境管理的概念，认为环境管理是在整个生命周期内，把企业产品的环境负面影响减少到最低的努力程度[102]。Wu 和 Dunn 认为一体化的环境管理是企业价值链上每个因素，包含产品从开始到生命周期结束过程中环境影响的最小化[103]。环境管理的含义基本上得到了统一。Shrivastava 和 Hart 提出了环境管理总的定义，认为环境管理是企业如何在活动过程中处理环境问题，把环境管理理解为企业把对环境的关注结合到企业管理活动中，把因环境问题（如污染排放、环境事故、环境罚金、资源浪费等）造成的风险成本降到最低限度，使环境管理成为企业战略管理的一部分而采取的一系列行为措施。

企业环境管理的发展模式由传统的事后环境管理模式发展到今天的全过程环境管理模式。20 世纪 70 年代，各企业强调的是污染产生后的治理和减少其危害，即强调事后环境管理模式的应用。进入 20 世纪 90 年代以后，人们开始强调从生产和消费的源头上防止污染的产生，为避免环境污染，强调以生态理念为基础的环境管理模式，包括生态设计和绿色制造等。

企业环境管理与全面质量管理结合就成为全面质量环境管理。全面质量环境管理中所讲的"质量"不仅指产品、服务本身的质量，也包括环境质量。企业绿色质量管理与企业全面环境质量管理是一致的，只是由于环境管理一词具有较强的企业经营活动程序的末端处理的色彩，按照中文的表达习惯，从质量管理角度出发，融入环境保护与环境治理的观念，绿色质量管理更适合[6]。

目前，国内外对于无论是绿色质量管理还是全面环境质量管理都没有做深入的研究，仅有几篇文章提到相关的概念，而对于企业环境管理的研究要更多一些。企业绿色质量管理与企业环境管理之间存在很多相同之处以及不同之处。

2.4.2.2 企业绿色质量管理与企业环境管理的相同之处

企业绿色质量管理与企业环境管理的相同之处可以从以下几个方面说明。

（1）绿色设计与环境设计

绿色设计包括绿色产品的材料选泽、产品的可拆卸型设计和产品的可回收性设计，绿色设计遵循一定的系统化程序，考虑环境影响评价，环境污染鉴别，环境问题的提出，减少污染，提出满足用户要求的替代方案，如产品生命周期设计。绿色质量管理的产品绿色设计与环境管理中强调的产品环境设计是一致的，都要求产品在设计时，预先考虑到各个环节对环境的影响。

（2）绿色生产模式

绿色质量管理下的绿色生产方式与环境管理的清洁生产是一致的。绿色生产与清洁生产相同，贯穿于生产的全过程，从能源与原材料的选择和投入、产品制造、产品产出和废弃物的排放，都做到不危害环境和人体健康。

（3）绿色认证

随着国际市场竞争的日趋激烈化，企业的商品在国际市场上将面临越来越严格的环境标准检测，发达国家以"绿色标志"作为贸易保护的"绿色壁垒"，将对他国企业产品的出口构成严重障碍。企业实施绿色质量管理战略以及环境管理战略都会积极争取绿色认证，从而为企业开辟出一条增强竞争优势的新途径。

2.4.2.3 企业绿色质量管理与企业环境管理的不同之处

企业绿色质量管理与企业环境管理的不同之处主要是二者的研究侧重点不同，采用的生产技术不相同、管理模式不同。

（1）分析的侧重点不同

绿色质量管理从顾客需求分析开始，结合节约资源与环境保护的观念；而环境管理侧重于分析产品或过程中对环境产生影响的关键因素，采取措施使这类因素对环境的影响降至最低。可以说，绿色质量管理更强调源的预防性，而环境管理强调的是过程或末端的治理。

（2）管理模式不同

绿色质量管理模式可以根据企业自身的特点，采取不同的、灵活的模式，如可以是精益管理与 ISO14000 结合，也可以是六西格玛与 ISO14000 结合，还可以是 ISO9000 与 ISO14000 结合等，或者建立一套适宜自身发展的环境质量管理模式；而企业环境管理的管理模式只有 ISO14000 环境管理标准模式。当企业将绿色质量管理提高到企业的战略高度，企业就会建立相应的体系和采取相应的控制方法，以实现生产绿色产品和达到环保的目的。而目前，由于认识上的原因，更多企业把 ISO14000 环境管理模式只看作认证模式。由于环境管理认证是一种自愿认证模式，更多的较小型企业由于资金问题不能认证，而国内的很多大型企业却因为可能形成垄断，不必销往国外从而争取国外市场，所以也没有实施认证，恰恰是一些中型企业，由于种种原因，采取认证的方式，提高自身的竞争力。

（3）"零目标"的追求不同

绿色质量管理在全面质量管理的降低废品率、降低成本、节约时间、提高效益地追求"零缺陷"的基础上，关注节约资源、环境保护，达到资源的循环使用、零污染的"双零"目标；而环境管理关注生产全过程的污染和排放问题，采取环境设计、清洁生产等措施和手段，争取达到零污染的目的。从零目标的追求来看，绿色质量管理包含了环境管理的"零目标"。

（4）能动性不同

绿色质量管理的思想往往反映现实最新的质量管理思想和方法，是动态的、发展的，而重于标准的环境管理常常是管理经验的总结，在一定时期内必须相对稳定，处于静态，相对于不断发展的绿色质量管理有一定的滞后性。同时，绿色质量管理追求创新和卓越，而以标准为中心的环境管理优势会囿于标准，陷入机械式的循环；绿色质量管理强调以人为本，调动员工的积极性、主动性和创造性，发扬员工的自主精神，而以标准为中心的环境管理的出发点则比较被动，更多是以检验、评审、审核、认证来控制和促进质量改进。

（5）资源循环利用模式不同

绿色质量管理资源的循环利用强调的是企业内部与外部废弃物产生后的资源循环利用，如资源利用的减量化、再利用和再循环，既包括企业自身的内部循环，也包括企业之间或供应链上企业的相关区域、相关产品或相关行业的循环利用；环境管理的资源循环利用更多关注的是企业内部的生产过程，以及产品寿命结束后的废弃物的处置和再循环。从这一角度来看，绿色质量管理下的资源循环利用是环境管理的延伸和重要补充。

2.5　本章小结

本章对企业绿色质量管理的理论体系进行了研究。

（1）探讨了绿色质量管理的概念和内涵，分析了绿色质量管理较传统的质量管理的不同特征，进一步阐述了绿色质量管理实施的原则。

（2）对比分析了企业绿色质量管理与传统的全面质量管理的关系，以及与环境质量管理的关系，突出了绿色质量管理的创新性以及适应可持续发展的特性。

（3）对绿色质量管理的内容进行了深入的探讨，以及对绿色质量管理体系的要素进行了分析，说明了要素之间的关系。

（4）阐述了绿色质量管理特征形成的理论基础，指出了相关理论的作用。

第3章　企业绿色质量管理体系的构建

3.1　绿色质量管理体系基本理论

3.1.1　绿色质量管理体系的基本思想

ISO9000:2000 质量管理体系的基础和术语中，是这样定义质量管理体系的：在质量方面指挥和控制组织的管理体系[104]。绿色质量管理体系是强调以绿色质量方针为基础，以绿色质量目标为目的，建立组织机构，所有的员工都有自己的质量职责，按规定的程序进行工作和活动，将资源转化为产品的有机整体。绿色质量管理体系在传统的管理职责、资源管理、产品实现以及测量、分析和改进四大过程要素的基础上，注重资源的节约、循环、有效利用。绿色质量管理体系的基本思想体现在以下几个方面。

（1）绿色质量管理体系能够帮助组织增强顾客满意和环境满意

质量管理体系方法鼓励组织分析顾客要求，规定相关的过程，并使其持续受控，以实现顾客能接受的产品。绿色质量管理体系能提供持续改进的框架，以增加顾客和其他相关方满意的机会。绿色质量管理体系还能使组织提供持续满足要求的绿色产品，向组织、顾客及所有相关方提供信任。

同时，绿色质量管理体系强调资源的有效利用和环境保护，所以在传统的顾客满意、组织满意以及所有相关方满意的基础上，注重环境的满意、资源的循环利用。

（2）绿色质量管理体系的要求与绿色产品的要求

产品要求可由顾客规定，或由组织通过预测顾客的要求规定，或由法规规定。绿色质量管理体系的要求是通用的，适用于所有支持环境保护的行业和经济领域，不论其提供何种类别的产品。它不是绿色产品实现的必要条件，但可支持产品实现，是产品要求的补充。

（3）绿色质量管理体系的方法

绿色质量管理体系的方法是一种系统管理方法。首先，它把组织的质量管理当作一个系统，对这个系统提出要求（质量方针和质量目标）。其次，它根据质量方针和质量目标来设计质量管理体系，使系统内的所有要素都与系统结合起来，形成组织机构、全员参与、过程网络等。再次，它使用持续改进的方法，对系统进行改进，追求系统的最大功效（测量、分析和改进）。最后，它充分利用控制论、信息论的方法，不断地接收顾客和其他相关方的信息及资源，保持系统的持续运行。

（4）过程方法

任何使用资源将输入转化为输出的活动或一组活动可视为一个过程。为使组织有效运行，必须识别和管理许多相互关联和相互作用的过程，通常，一个过程的输出将直接成为下一个过程的输入。过程方法用于系统的识别和管理组织所应用的过程，特别是这些过程之间的相互作用。

3.1.2　绿色质量管理体系的组成要素

（1）以满足绿色质量目标的需要为准则

质量管理体系是为满足组织内部管理的需要——绿色质量目标的实现——而设计的，因此，应该比特定的顾客要求更广泛，因为顾客通常只评价质量管理体系的有关部分。

（2）绿色质量管理体系应具备的条件

通过设置组织机构、规定各职能部门的职责和权限并明确相互的关系和工作程序，使各项质量管理活动能够得以经济、有效、协调地运行。这样形成的一个有机整体，便是组织的质量管理体系。通过审核和评审，对体系实施不断的改进，以适应完善的内部管理和外部环境变化的需要。绿色质量管理体系也包含硬件和软件两部分，是由质量职责和权限，组织结构、程序、过程和资源（如人员素质、设施能力等）等几个部分所组成的有机系统。

（3）绿色质量管理体系的主要活动

质量管理体系的主要活动包括以下几方面的内容。① 建立绿色质量方针和质量目标。质量方针是由组织的最高管理者正式发布的该组织总的质量宗旨和方向，质量目标是在质量方面所追求的目的。质量方针作为一种指导思想，指导质量管理体系的建立，包括进行质量职能的分配，确定相关过程，落实职责等，统一各项质量要求。② 明确最高管理者在质量管理体系中的作用。最高管理者是指在最高层指挥和控制组织的一个人或一组人，通常情况下是指董事长或总经理、厂长等。最高管理者的根本职责，是将质量管理的原则作为发挥自己作用的依据，也就是说，最高管理者的全部活动是贯彻落实质量管理的八项原则。③ 建立体系评价系统。建立起来的绿色质量管理体系是否合适，运行效果怎样，是否达到预期目标，需要通过对质量管理体系的评价来解决。评价可以只针对某一个或几个过程进行，也可以针对很多活动包括全过程进行；既可以针对某一个部门或单位进行，也可以针对全组织进行。④ 持续改进质量管理体系。持续改进质量管理体系的目的在于增加顾客和其他相关方满意的机会。改进不仅是针对产品进行的技术改进，而且是针对过程进行的改进，体系运行过程中，寻找、识别改进的机会对持续改进相当重要，审核、顾客反馈、管理评审、改进结果等都可以提供改进的机会。

3.1.3 绿色质量管理体系的理论基础

（1）以八项质量管理原则为主线

八项质量管理原则是质量管理最基本、最通用的一般性规律，是策划和实施质量管理体系必须遵循的原则，包括：以顾客为关注焦点，领导作用，全员参与，过程方法，管理的系统方法，持续改进，基于事实的决策方法，与供方互利的关系。在编制质量管理体系文件过程中应该将这八条原则融入其中，体现原则精神，并结合实际运用到具体的实践活动中去。

（2）体现过程方法的模式在组织中的应用

以过程为基础的质量管理体系模式，是过程方法和管理的系统方法在质量管理体系中的具体体现。过程方法模式体现了质量管理体系是一个在质量方面指挥和控制组织的管理体系，二体系是由相互关联和相互作用的一组要素组成的，要素与过程有关。组织建立和实施质量管理体系，通过分析组织的顾客需求，确定所需过程，使其持续受控，以达到产品提供能够满足顾客和法律法规要求的目的，增强顾客的满意程度。

（3）"管理系统方法"原则的具体应用

质量管理体系是由相互关联和相互作用的一组要素组成的有机系统，体系的建立和实施都要充分体现系统管理方法的原则，如体现出整体功能、达到增值的效果、自我调节自我完善、不断循环改进。通过质量管理体系的建立和实施，做到与质量管理体系有关的过程由无序变为有序，由涣散变为紧密，由零乱变为协调。

（4）强调适用性

行业不同、产品不同、规模不同，企业建立的质量管理体系的要素内容、过程必然会不同。企业应分析自己的具体情况，根据需要，灵活地采用过程方法，结合自己的实际情况，建立适于企业自身的质量管理体系。

（5）质量管理体系的要求是对产品要求的补充

质量管理体系的要求是通用的，适用于所有行业或经济领域，它是对产品要求的补充。但是，质量管理体系一定要建立在明确的产品要求之上，以便用标准来规范产品要求的功能。如果在组织的质量管理体系中产品的要求不明确、不完整，那么质量管理体系的应有功能就不能实现。

3.2　基于过程方法的绿色质量管理体系的策划

3.2.1　体系策划的过程方法的原理

（1）过程方法的概念

ISO9000 是国际标准化组织（International Organization for Standardization）关于质量管理方面的世界性标准，企业组织按 ISO9000 质量管理标准，采用过程方法建立质量管理体系，可以提高管理水平和产品质量，提高竞争力，使顾客满意。

过程方法已被广泛用于企业的质量管理体系的构建，是应用 ISO9001：2000 标准的关键。ISO9001：2000 标准的 0.2 条款阐明了过程方法在质量管理体系中的应用，强调了过程方法的重要性，并提出了具体要求，指出，"质量管理体系所需的过程应当包括与管理活动、资源提供、产品实现和测量有关的过程。"该条款要求组织"应按本标准的要求管理这些过程"。产品被定义为"过程的结果"，产品是通过过程形成的，过程是形成产品的基本环节。如果采用过程方法管理过程，就抓到了要害和质量管理活动的本质。可见，只有抓好过程的管理和控制，把质量管理体系的有效性落实到产品上，才是 ISO9001：2000 标准的最终目的。

将相关的资源和活动作为过程进行管理，可以更高效地得到期望的结果。

（2）基于过程方法的质量管理体系模式

对企业的质量管理体系过程模式的描述，如图 3-1 所示[91]。ISO9000 族标准以顾客满意为关注焦点，输入端基于顾客的需求开始，输出端要达到顾客的满意为止，体系的建立基于管理职责、资源管理、产品实现以及测量、分析和改进这四大过程要素。图 3-1 中，四个箭头分别代表了四个大过程的内在逻辑顺序，四个大过程通过四个箭头形成闭环，表明质量管理体系是不断循环上升的，上面一个虚箭头表明管理应以顾客为中心，下面一个虚箭头表明对顾客满意的监控是通过"测量、分析和改进"这个大过程来完成的。图 3-1 中的大箭头表明正是"测量、分析和改进"这个大过程才能使质量管理体系得到持续改进。

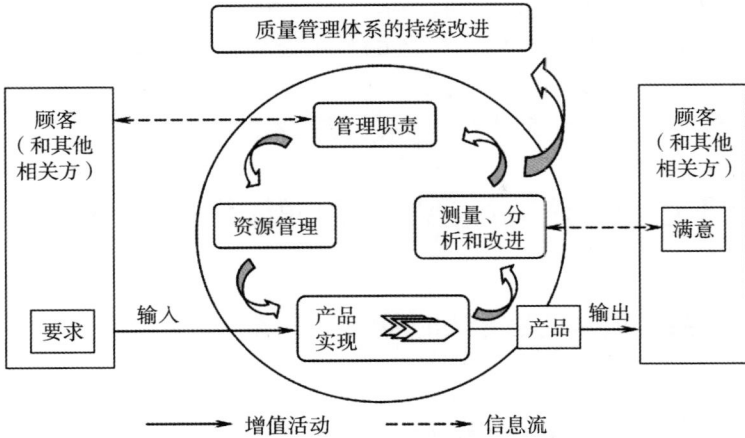

图 3-1 以过程为基础的质量管理体系模式

Fig. 3-1 Quality management system model based on process approach

3.2.2 基于过程方法的体系策划的必要性

任何使用资源将输入转化为输出的活动或一组活动均可视为一个过程。过程方法是指系统地识别和管理组织所应用的过程，特别是这些过程之间的相互作用。一个组织在建立、实施和改进质量管理体系时，都应该采用过程方法。ISO9001:2000 标准要求组织识别、实施和持续改进质量管理体系所需过程的有效性，并管理这些过程的相互作用，以便实现组织的目标。

过程方法对于质量管理体系策划的必要性，主要表现在以下几方面。

（1）过程模式将管理职责和资源管理合理地提升到过程的战略地位，既反映了建立和运作质量体系的内在规律，又突出了这两者的重要地位和作用，有利于在建立和改进质量体系过程中，充分发挥领导层特别是最高管理者的关键作用，认真落实质量职能，提供资源保证，便于消除长期以来在这些方面所存在的薄弱环节和弊端。

（2）理解和识别组织的质量管理体系的各个过程，能够满足所确定的过程和质量管理体系的要求。要对过程进行控制，首先必须识别达到组织目标所需的过程以及这些过程覆盖的内容（包括质量管理体系的管理职责、资源管理、产品实现以及测量、分析和改进等大过程及其子过程），使用过程方法可以对这些过程进行系统的识别和管理。

（3）过程方法可以从增值的角度分析和考虑过程，合理地删减某些过程，突出对质量管理体系有效性有重要影响的过程，剔除或兼并没有增值意义的过程，最大限度地优化过程。对于不同组织、不同产品的过程，需要充分考虑是否能增值。

（4）运用过程方法有助于获得过程业绩和有效性的结果。有些组织实施质量管理体系的业绩和有效性不显著，主要原因是对过程识别不清，过程目标不明确，因而就没有采用适用的过程控制方法。从根本上来讲，是在对过程进行控制时并没有真正应用过程方法。

（5）运用过程方法，可以依据客观的测量，持续改进过程。过程方法体现了 PDCA 戴明环思想，每个增值的过程，都可能有输入、转换和输出的测量点。在确定和运作过程时，要识别必要的测量点并给出测量方法，以证实过程实现所策划结果的能力，寻找持续改进的机会。

（6）过程模式体现了动态管理，便于持续改进。任何过程都是不断运作的动态过程，体系的持续改进，主要是改进过程。无论是大过程或小过程的改进，都应该运用 PDCA 方法，并采取螺旋循环上升的改进方式，以实现持续改进。过程管理的工作方法实际上就是遵循 PDCA 循环的四部曲，即 P（Plan，过程的策划或识别）、D（Do，过程的实施及控制）、C（Check，过程的验证与确认）、A（Action，过程的更改及改进），每经过一次循环，过程的有效性和效率就得到一次提高。积众多过程之改进，便形成了质量体系的持续改进。

质量管理的目的是要达到组织制订的绩效目标，而过程方法是帮助组织实现目标的重要工具。过程方法通过对产品形成所涉及的每一过程的控制，使过程质量保证产品质量，使系统的输出达到组织期望的结果。可见，过程方法在保证质量管理体系的正常运行、在实现组织的绩效目标方面具有重要作用。无论组织的类型和规模如何，过程方法作为一种管理思想都具有广泛的适用性。

3.2.3 绿色质量管理体系策划的原则

绿色质量管理体系按以下原则进行策划。

（1）绿色质量策划的原则

"质量策划"是致力于制订质量目标并规定必要的运行过程和相关资源以实现质量目标的活动，策划的结果可能形成质量计划。为提高产品和服务的质量达到绿色的要求，满足环境的绿色友好的需求，需要对绿色质量管理体系进行精心策划和周密计划。任何一项新的工作和活动，取得成功的第一步骤就是做好质量策划，必要时还要制订质量计划。

（2）整体优势的原则

绿色质量管理体系如同其他体系一样，是由若干个相关的过程相互联系、相互制约而构成的整体。节约资源、降低污染最终与强调产品的零缺陷是一致的。顾客满意、环境满意、社会满意、组织满意以及所有相关方的意图应渗透于体系的策划、文件的编制、各过程的接口与协调，绿色质量管理体系应树立系统的观念，采取系统工程的方法，整体优化体系的各个环节、各个部门以及各个过程。

（3）以预防为主的原则

预防为主，就是将质量管理的重点从管理的"结果"向管理的"过程"转移。不是等出了不合格品才去采取措施，不是等出现了污染才去治理。英国的泰晤士河遭受污染，历经百余年整治并花费了300多亿英镑之后，泰晤士河才终于变清，绝迹多年的鱼才又游回来，可见末端治理的代价。因此，企业应采取积极的措施，预防潜在的不合格和潜在的污染，节约、环保、和谐以及健康的思想应该首先建立起来，一切过程的建立、运行、改进都以预防为主，做到防患于未然。

（4）满足所有相关方要求的原则

全面质量管理强调满足顾客要求的原则，基于可持续发展的绿色质量管理强调所有相关方满意，这里包括满足环境的要求。仅以满足顾客对产品的质量需求建立质量管理体系是狭隘的，而且企业利益的发展也是短期的，从长远来看，关注顾客、关注绿色的环境将为企业带来长期的利益，形成良性的循环，绿色产品也将是顾客未来共同关注的满意产品，所以，质量管理体系的建立应该是满足顾客、社会、环境、法规等所有相关方满意的。

（5）过程概念的原则

所有活动都是通过过程来完成的，每一个过程都有输入和输出，输入是过程的基础，输出是过程的结果即产品。过程本身是增值转换，每一个过程都以某种方式包含着人或其他资源，这些是过程的条件，一个组织的质量管理就是通过对组织内各种过程进行管理来实现的。

（6）质量与效益统一的原则

为实现质量与效益的统一，必须从顾客、组织、环境多方面权衡利益、成本和风险诸因素的关系。有效的质量管理体系，应该既能满足顾客的需求和期望，又能保护组织的利益以及保护环境的利益，做到各方利益的共赢。

（7）持续改进的原则

组织应确定防止不合格发生以及污染趋向零排放，采取进一步改进过程的措施，不断寻求对组织的过程的有效性和绿色进行改进，策划和实施确保改进过程的必要措施，评价改进效果。这些措施必须实施一定的时期，以证明它们的效力。

3.3　绿色质量管理体系的理想模式

基于过程方法的绿色质量管理体系的模式如图 3-2 所示。较传统的质量体系不同，绿色质量管理体系体现在管理职责、资源管理、产品实现以及测量、分析和改进四大过程基本要素的内容绿色化，要求较传统的要素内容不同。同时，在基本过程实现过程中，影响过程决策的因素发生了变化，传统的只考虑企业的经济利益，绿色质量管理体系兼企业利益与环境利益协调发展；在原有成本分析的基础上，兼顾产品的生命周期的环境评价；在基本过程进行的同时，伴随着资源的循环利用的逆向物流过程，能够充分体现绿色质量管理的战略要求。

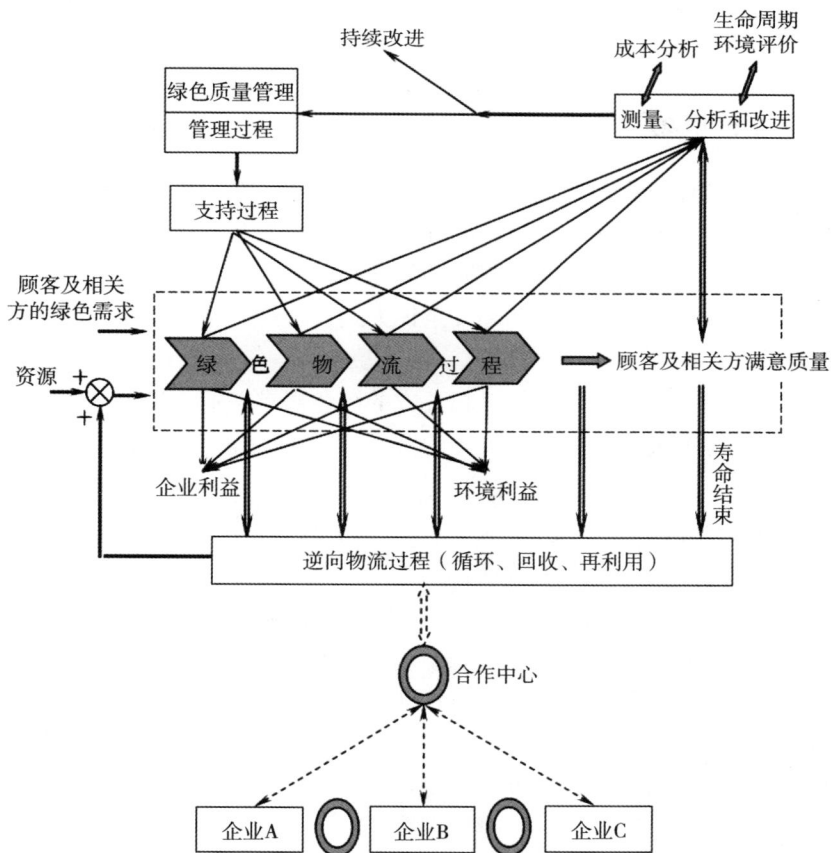

图 3-2　基于过程方法的绿色质量管理体系的模式

Fig. 3-2　Green quality management system model based on process approach

在企业实施过程中，根据不同的过程在组织中的不同作用，可以对绿色质量管理体系进行以下过程的分析。① 绿色市场营销分析。调查市场的绿色需求，兼顾消费者、投资者、员工、企业股东以及环境所有相关方共同的利益。②（高层）管理过程分析。强调最高管理者的绿色方针的制订，调动员工积极性，并对质量管理体系的有效性进行管理评审。③ 支持过程（资源管理过程）分析。企业需要必要的资源以保证质量体系的有效实施，主要包括人力资源、基础设施（硬件和软件）（即工作场所以及相关的设施和设备）以及工作的环境。④ 绿色物流过程分析。包括针对产品的实现过程，从绿色设计、绿色生产、绿色销售到服务过程的正向绿色物流过程，以及强调绿色循环过程，从环保的角度和循环经济的角度出发，要求产品寿命结束后的处理过程、循环过程，包括资源的循环以及能源的节约和再利用的逆向物流过程分析。⑤ 测量、分析和改进过程分析。绿色质量管理体系的运行遵循全面质量管理的 PDCA 循环思想，通过对过程的监视和测量提供改进的依据。

3.3.1 绿色市场营销模式

由于消费者环境意识的不断增强，许多企业正在努力以一种更加亲和环境的、有社会责任感的方法来进行产品开发、制造、包装、配送和改进，以满足顾客潜在的绿色消费需求。通过不断的创新和适应这种变化，企业在经营活动中本身产生了一种强烈的社会和环境意识方式，最终，绿色营销导向成为了一类单独的经营导向。

绿色市场营销模式主要是针对相关方的绿色需求和期望进行分析。相关方是指与组织的业绩或成就有利益关系的个人或团体，绿色质量管理体系下的相关方包括顾客和最终用户、组织的员工、所有者和投资者、供方和合作者、社会以及环境。企业的成功取决于能否理解与满足顾客以及所有相关方的需求和期望，为此，组织应考虑以下活动：

① 识别所有相关方的需求和期望。通过实地调查相关方信息（这里主要指顾客的信息）把握需求的特点，在对组织自身的内部环境分析的基础上，将顾客及其他相关方的信息转化为产品特性或服务规范和接受准则。

② 始终兼顾所有相关方的期望。企业在针对特性、规范和接受准则确定实现过程中，要始终兼顾相关方的期望，随着期望的变化，随时适度调整过程的结构。

③ 将所有相关方的需求和期望转化为要求。在兼顾要求和期望的基础上，将要求转化为质量特性的要求，并进一步实施。

④ 在组织的各个层次沟通这些要求。根据各个过程的要求，需要各生产

部门、管理部门等各职能部门，提供人员、设施、原材料、文件和环境，并按照要求控制过程，以进一步实现产品和服务。

⑤ 对所有过程进行改进，为相关方创造价值。通过过程的实施、测量和顾客的反馈信息的整理，对不合格的过程采取纠正措施，通过数据分析，针对关键的过程，采取预防的措施。在此基础上，分析顾客的反馈信息，按照要求提出改进的对策。

⑥ 组织应超越所有相关方的期望。组织应根据相关方的要求，进一步调查市场的潜在需求，企业加强科研的力量，调动全体员工，挖掘潜力，研发新产品，做到不仅仅能够满足顾客和所有相关方的要求，同时创造科技含量高、绿色度高的超越顾客期望的产品。

基于绿色需求的体系策划流程如图 3-3 所示。

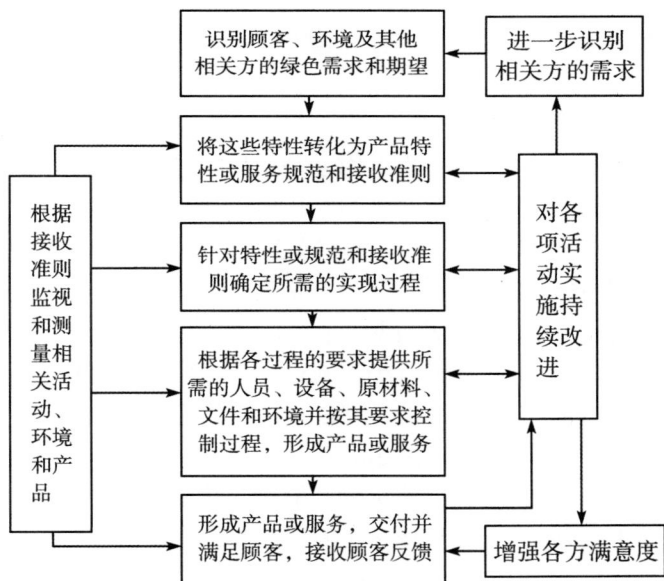

图 3-3　基于绿色需求的体系策划流程

Fig. 3-3　System process plan based on green requirement

3.3.2　绿色管理过程模式

作为企业的最高管理者，其管理职责首先是根据企业当前或潜在的顾客确定利于企业可持续发展的绿色质量方针、目标，关注绿色需求，规定职责和权限，策划绿色质量管理体系并进行管理评审。

（1）制订绿色质量方针、目标

企业应树立绿色质量管理理念，最高领导要树立绿色质量发展战略，确定质量方针、目标，确保适合于组织活动、产品或服务的性质、规模与环境的影响。

绿色质量方针既需要体现企业的经营管理理念和发展方向，还需要满足各管理体系标准对质量、环境和职业健康安全等管理方针的要求。

例如某公司的绿色质量方针和目标如下：

① 绿色质量方针。本公司愿意为顾客提供精心设计和精心策划的绿色产品，保证在使用中安全可靠，最终免费回收。公司履行自己的全部承诺，并通过不断改进、创新和追求，使产品质量水平处在世界电器行业的前列。

② 绿色质量目标。通过降低生产过程的废品率降低成本，降低值为全年销售额的 0.15%。

提高材料利用率，改进现有流程和技术，从 2005 年的 86% 到 2006 年末力争提高到 92%。

（2）绿色供应商的选择

企业在选择供应商时主要考虑的因素是产品质量、价格、交货期、批量柔性和品种多样性等。在绿色质量管理中，环境因素、保健因素则是重点考虑的主要因素。选择供应商，应该选择具有绿色质量管理意识、重视企业环境管理、采取主动积极的态度实施绿色生产的企业，与其结成绿色战略伙伴。

（3）满足顾客的绿色需求及环境保护

企业最高管理者在绿色质量管理实施过程中，应将实现顾客满意作为组织的根本追求，同时兼顾企业内外的环境因素，最终实现绿色和谐的发展前景。

（4）确保职责、权限得到规定和沟通

全体员工共同参与实施绿色质量管理最根本的是以人为本，明确职责、权限，调动员工的积极性，只有全体员工共同参与，才能实现"环保、和谐，节约"的企业绿色质量战略。

（5）基于过程方法的体系策划

质量策划是质量管理的一部分，企业致力于制订质量目标并规定必要的运行过程和相关资源以实现质量目标。策划内容包括公司的组织结构，各部门、各岗位的职责和权限，实现绿色质量管理体系有效运行所需的资源配置。

（6）进行管理评审

最高管理者通过开展绿色质量管理评审，审视质量管理系统能否与绿色质量方针、目标保持持续的适宜性、充分性和有效性，包括评价质量管理体系的改进机会和变更的需要。

绿色质量管理体系的有效运行离不开内部的有效沟通，最高管理者应确保在组织内部建立适当的沟通过程，确保绿色质量管理体系的有效运行。如图 3-4 所示，企业的决策层、执行层、作业层之间，应围绕绿色质量目标及体系运行的要求，通过会议、简报、联网、内部期刊、布告栏、声像等媒介进行有效的沟通，通过信息交流增进理解和协调，达到提高过程有效性的目的。

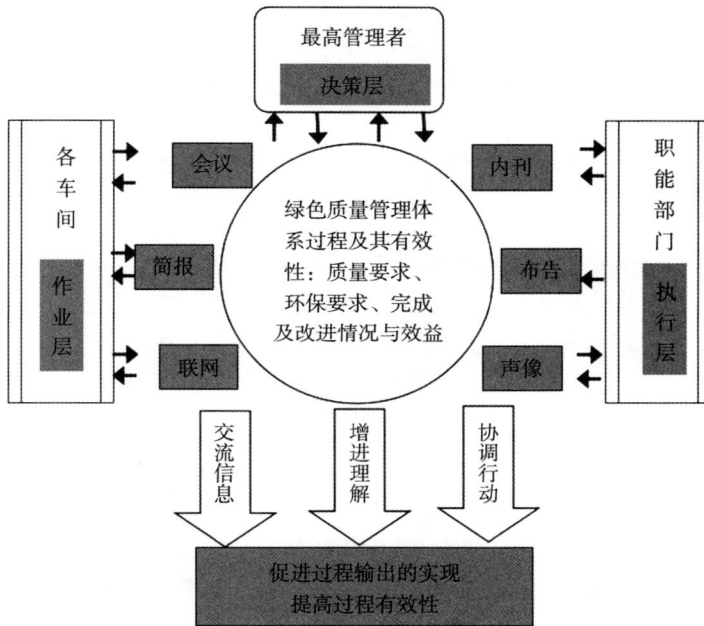

图 3-4　绿色质量管理体系内部沟通图

Fig. 3-4　Internal communication of green quality management system

3.3.3　绿色支持过程模式

管理者应确保识别并获得质量管理体系运行和改进，使顾客和其他相关方满意所需要的各类资源。资源管理可以分为硬件资源管理和软件资源管理，由于人力资源管理的特殊性，下面对绿色人力资源管理与硬件管理和软件管理分开讨论。

（1）绿色人力资源管理

绿色人力资源管理是指支持和配合企业绿色质量战略（环境战略）的实施，实施对人力资源的绿色化管理，注重于为社会提供某种"绿色价值"，达到企业利益与社会环境保护协调发展的目标。包括：人力资源的培训、考核和认知提升；绿色和谐的劳资关系管理；确保人才素质的人才内部提升与公开招聘。

（2）硬件资源绿色管理

绿色质量管理体系的实施需要一定的基础设施来支持。硬件资源管理包括绿色化的基础设施、绿化的工作环境和绿色的能源。

（3）软件资源绿色管理

信息高度发展的社会，自然资源的存储信息、市场信息等各种信息已成为企业在市场中生存的关键，企业利用信息获得收益，将信息转化为财富。绿色质量管理要求软件资源管理的绿色化，包括信息资源管理和自然资源的选择与循环利用管理。

3.3.4 绿色物流过程模式

企业物流包括企业从原材料供应、产品生产和产品销售的全部活动，由供应物流、生产物流、销售物流和逆向物流构成。绿色物流就是在闭环的物流的各个环节包括运输、储藏、包装、装卸、流通加工和废弃物处理等物流活动中，采用环保技术，提高资源利用率，最大程度地降低物流活动对环境的影响。

绿色物流管理是工业生态系统和生态学成功实施的关键。物流上产生的废物和排放是一些严重环境问题（包括全球变暖和酸雨）的主要源头。企业有很多理由需要开展绿色物流管理，从消极地遵守法规要求到积极地获得战略和竞争优势。目前，绿色物流管理还是一个比较新的领域，实践和研究还有待企业进一步探究。

绿色物流可以分为绿色正向物流和逆向物流，绿色正向物流包括绿色供应物流、绿色生产物流、绿色销售物流；逆向物流是指在企业物流过程中，由于某些物品失去了明显的使用价值（如加工过程中的边角料以及消费后的产品、包装材料等）或消费者期望产品所具有的基本功能失去了效用或已被淘汰，将作为废弃物抛弃，但在这些物品中还存在可以再利用的潜在使用价值，企业为这部分物品设计一个回收系统，使具有再利用价值的物品回到正规的企业物流活动中来，这个回收系统就是逆向物流系统。

3.3.4.1 绿色正向物流过程模式

绿色正向物流过程不仅是体系策划的重要过程，也是企业质量管理活动的目标之一。绿色质量管理下的物流过程，直接涉及是否满足顾客的绿色需求，是否满足环保的需要，是否满足资源的节约、回收的要求。组织应对正向物流过程的策划、控制、保证和改进提供措施和技术，正向绿色物流的实现过程如图3-5所示。

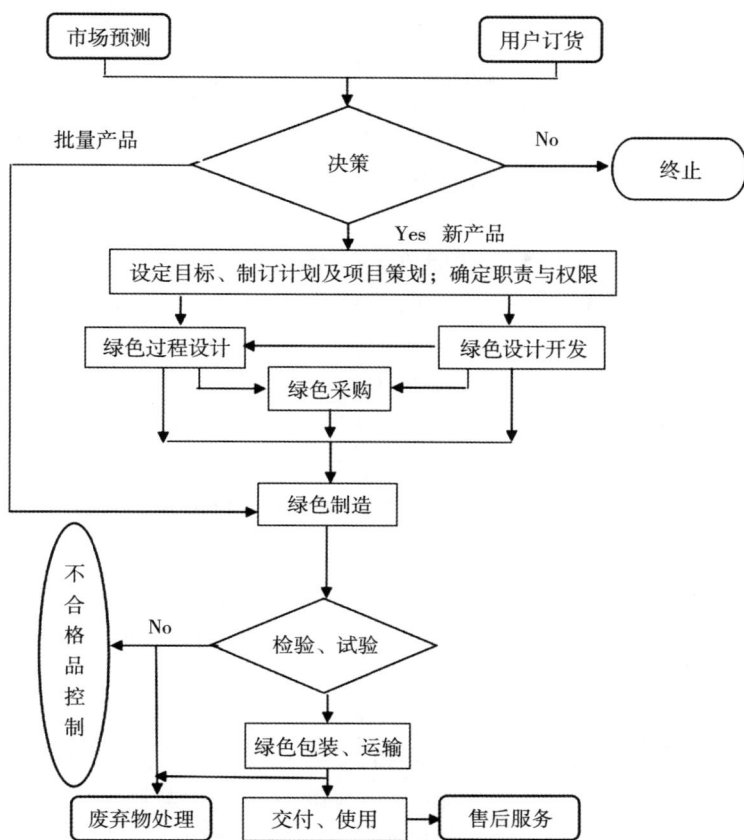

图 3-5　产品的正向绿色物流
Fig. 3-5　Green logistics of product

（1）绿色需求分析

通过市场调查和预测，了解用户的需求，但绿色质量管理强调产品对环境的影响，因此，在调查过程中一定要结合环境因素，考虑所有相关方的期望和需求的同时，生产节约型的、无污染型的绿色产品。

（2）产品的设计、制造、包装和标识的体系设计

绿色物流建设应该起自产品设计阶段，以产品生命周期分析等技术提高产品整个生命周期的环境绩效，在推动绿色物流建设上发挥作用。包装是绿色物流管理中的一个重要方面，如白色塑料的污染已经引起社会的广泛关注，过度的包装造成了资源的浪费。因此，再生性包装由于容易回收的性质得到越来越广泛的使用，可以重复使用的集装箱也是绿色包装的例子。另外，通过标签标识产品的化学组成也十分重要，通过标识产品原料特别是可塑零件的组成，会

使将来的回收、处理工作进展顺利。这些绿色技术在物流中的应用同时也提高了生产效率。

绿色设计作为一种方法学，体现了产品全生命周期的观点，其内涵是产品全生命周期的技术性、经济性和环境协调性的系统设计。绿色设计的面向对象不再是产品本身，而是整个产品系统，包括产品材料的选择和设计、产品的可回收性设计以及产品的可拆卸性设计[100]。

例如包装设计要容易拆卸和回收，包装分拣的基本动作就是拆开纸盒包装，分离不同的包装部件与材料。拆卸是包装废弃物回收处理的前提，无法方便拆卸的包装废弃物就谈不上有效回收。

绿色采购是企业从事生产经营活动的源头，因此，在我国研究和推广绿色采购是十分必要的。采用各种材料和零部件，提高材料的再循环和再使用；减少不必要的包装，使用可降解或可回收的包装等措施，能够降低末端环境治理成本，改善企业内部、外部环境状况，满足甚至超过消费者和政府机构的环境期望，进而提高企业的竞争力。

在绿色质量管理理论指导下，在整个生产过程中（包括生产过程、服务过程）应体现绿色生产，其内容包括在整个生产过程中符合和体现健康安全、环境保护与资源的合理利用的要求。其中，绿色技术是实施绿色生产的关键，绿色治理是将污染进行根治或降到最低程度，绿色包装是指对生态环境不造成污染，对人体健康不造成危害，能循环和再利用，可促进持续发展的包装物质。绿色包装涵盖了保护环境和资源再生两方面的意义。包装制品从原料采集，材料加工，产品制造、使用，废弃物回收再生，直到其最终处理的生命全过程都不应对人体及环境造成危害，做到减量化、无毒害性。

某化妆品包装的蝴蝶盒设计如图3-6所示。蝴蝶盒应该属于以盘式折叠纸盒为基础的异型盒设计，主要在纸盒的主侧板以及副翼上进行了设计变化，增加了简单巧妙的卡接搭扣结构。蝴蝶盒的设计突破了一般化妆保养产品的形象，体现了多重特色。创新的蝴蝶型结构设计，首先使包装盒能够采取多种组装方式呈现蝴蝶盒的不同面貌，具有很好的内装产品的展示功能。蝴蝶盒使用了3组搭扣设计，保证了强度，同时使纸盒可以通过3种外观形式展示，而且搭扣经过设计，也有不错的装饰性与展示效果。另外，蝴蝶盒最突出的特点是非常利于回收处理。蝴蝶盒是仅以单张包装纸折叠而成的包装盒，而且巧妙地利用了搭扣的卡接结构，整个包装不需要加任何背胶或者粘贴胶，拆卸也非常简单，利于环保回收，节约资源。

图 3-6　利于回收的蝴蝶盒设计
Fig. 3-6　Butterfly packaging design convenient for recycle

（3）绿色运输体系

原材料和产品的运输是物流中最重要的一部分，它贯穿于物流管理的始终。运输环节对环境的影响主要体现在三个方面。第一是交通运输工具的大量能源消耗；第二是运输过程中排放大量有毒气体，产生噪声污染；第三是运输易燃、易爆、化学品等危险原材料或产品可能引起爆炸、泄漏等事故。现在政府部门对运输污染采取了极为严格的管理措施，如对机动车制订了严格的尾气排放标准。同时，政府交通部门还充分发挥经济杠杆的作用，根据机动车的排污量来收取排污费。由此，企业如果没有采取绿色运输，将会加大经济成本和社会环境成本，影响企业经济运行和社会形象。

（4）废弃物料的处理

企业正向物流中产生废弃物料的来源主要有两个：一是生产过程中未能形成合格产品而不具有使用价值的物料，如产品加工过程中产生的废品、废件，钢铁厂产生的钢渣，机械厂切削加工形成的切屑等；另外一个是流通过程中产生的废弃物，如被捆包的物品解捆后产生的废弃的木箱、编织袋、纸箱、捆绳等。由于垃圾堆场日益减少，因此厂商寻找减少废弃物料的方法就显得越发重要。一方面，厂商要加强进料和用料的运筹安排；另一方面，在产品的设计阶段就要考虑资源可得性和回收性能，减少生产中的废弃物料的产生。

3.3.4.2　逆向物流过程模式

逆向物流可以简单地概括为：组织对来源于客户手中的物资的管理（吉恩蒂尼和安戴尔，1995；Giuntini 和 Andel，1995）。逆向物流包含来自客户手中的物资、包装品和产品。更简单的概括是，逆向物流就是从客户手中挥手用过的、过时的或者损坏的产品和包装开始，直至最终处理环节的过程。但是现在越来越被普遍接受的观点是，逆向物流是在整个生命周期中对产品和物资的完整的、有效的和高效的利用过程的协调。图3-7反映了传统的物流活动与产品的逆向物流活动的集成情况，可以看出循环逆向物流活动包括产品或物品收集、检查或分割、再使用、再生产、再销售和废弃等。生产过程中造成的浪费或副产品、销售过程中的回收、商品初始使用或通过交易的其他用途用完之后的回收都应被收集起来，经过挑选处理，分成两大部分，其中一部分可以再使用、再生产和再循环，另外一部分不可再利用，需要经过处理之后，不对环境产生影响或影响降至最低。

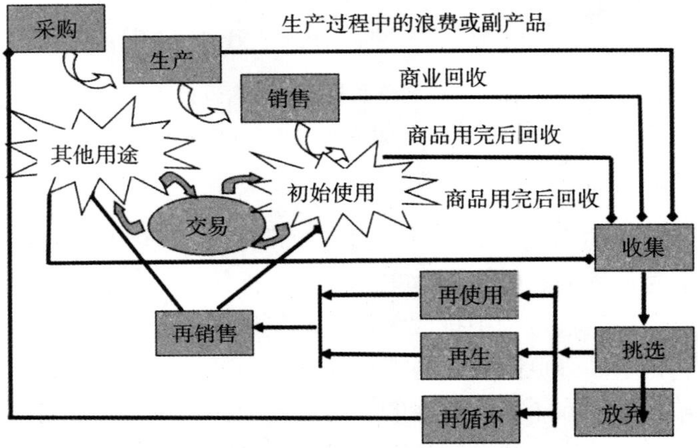

图3-7　产品供应流和逆向物流

Fig. 3-7　Reverse logistics of supply chain

3.3.5　测量、分析和改进过程模式

企业应对绿色产品的符合性以及绿色质量管理体系运行的有效性、持续改进的有效性进行必要的策划和实施。应采用适宜的方法对绿色质量管理体系运行的有效性进行监视，确定绿色质量管理体系是否符合质量管理体系的要求，是否得到有效实施与保持。包括确保绿色产品的符合性要求的过程的监视和测量以及验证产品要求得到满足的产品的监视和测量。企业应采取适当的措施控制不合格品尤其是那些可能对人体造成危险或潜在危险的不合格品，以及在使用中可能对环境造成污染或寿命结束后，对环境可能造成污染的产品；通过对产品、服务、过程和体系进行监视和测量获得的数据分析，持续改进绿色质量管理体系的有效性。

表3-1是绿色质量管理体系持续改进的步骤和方法表，提供了改进的步骤、工作内容、可选择的分析方法。

表 3-1 根据 PDCA 循环进行持续改进

Table 3-1 Continious innovation based on PDCA

阶段	步骤		应用的质量管理方法	说 明
P 计划	1	找出存在的问题	直方图	从直方图的形状可以对工序的稳定性进行直接的分析与判断，还可以通过频数分布图计算均值、标准差和过程能力指数
	2	找出存在问题的原因	控制图	控制图用于分析与判断工序的质量稳定性，可以随时监控，及时发现异常波动，采取措施，以预防废品的产生
	3	问题的原因可能很多，找出影响较大的原因	排列图	利用排列图分析产生不合格问题的主要原因，解决关键问题，可以解决问题的 70%~80%
	4	研究措施	5WH：Why 必要性 What 目的 Where 地点 When 期限 Who 承担者 How 方法	计划表中有现状、标准、负责实施的人等，解决问题一般先易后难，采取措施涉及各部门时，要共同协商解决
D 实施	5	采取措施	按计划认真执行措施，并保持记录	观察采取措施后的效果
C 检查	6	调查实施效果	排列图 控制图	以文件的形式巩固已取得的效果
A 处理	7	巩固措施	经验证有效的措施应纳入文件	继续进一步去解决遗留的问题
	8	遗留问题	反映到下一个 PDCA 循环	继续进一步去解决遗留的问题

3.4 绿色质量管理体系的运行机制及特征

3.4.1 绿色过程影响要素分析

（1）绿色质量战略指导

企业应树立绿色质量战略，绿色思想在先，绿色行动跟进，因此，绿色质量管理理念是企业绿色管理、绿色质量体系有效实现的战略性指导思想。绿色质量文化的渗透，企业对环保工作的不断深化认识和实践，逐步发展、建立起来的绿色价值观，对治理污染责任的认识和理解，应由被动转向主动，由不自觉转向自觉，向更深的层次，更高的环保、和谐的要求发展。绿色质量战略对绿色质量管理体系的有效实施起到纲领性的作用。

（2）企业经济效益与环境效益的兼顾

企业应在绿色质量文化引导下，由单纯追求经济效益转变为追求企业的全面发展，将自身的发展融入社会经济的发展之中，谋求经济效益、社会效益和环境效益的统一。企业竞争力的内涵，不仅体现在产品的价格、质量和服务上，还要体现在为改善环境做贡献上。企业实施绿色质量管理战略，在生产的每一个阶段，都要从经济利益、环境利益和健康和谐的角度去考虑，将绿色思想渗透到质量生产全过程，实现能源转换的功能，包括充分利用和节省能源，回收二次能源，提高企业可持续发展的能力，进而提高企业可持续竞争力。

（3）产品生命周期的环境评价

绿色质量管理体系的测量、分析，不仅仅是对产品成本、经济利益的分析，还应包括对环境的影响分析。如采用产品生命周期评价。产品生命周期包括从原料开采开始，经过原料加工、产品制造以及产品包装、运输和销售，然后由消费者使用、回收和维修，最终再循环或作为废弃处理和处置整个过程。资源消耗和环境污染物的排放在整个阶段都可能发生，因此，污染预防和资源控制也应贯穿于产品生命周期的各个阶段。生命周期评价是对某种产品或某项生产活动从原料开采、加工到最终处置的一种评价方法。生命周期评价的思想是力图在源头预防和减少环境问题，而不是等问题出现后再去解决。

（4）产品类别与过程特征

产品类别有四种：服务（如运输）；软件（如计算机程序）；硬件（如发动机机械零件）；流程性材料（如润滑油）。多数产品含有不同产品类型的成分，一种产品被称为硬件、流程性材料、软件还是服务，取决于其主导成分。每一种类别的产品，特别是硬件，都是千差万别的，产品的实际情况不同，对组织的质量方针和质量目标就可能产生影响。一般说来，复杂而精密的产品，对质量管理体系的要求就要严格得多；而如果产品不那么复杂、那么精密，就不必照搬别人的质量管理体系，使成本增加而无实际收益效果。

企业的生产运作过程的复杂程度不同，也会导致质量管理体系过程网络的不同。以机械加工为例，有的组织从铸造、锻压、冲压、冷加工、热处理、表面处理到装配，什么都有，另外一些组织可能只有装配，对过程网络复杂一些的组织来说，其质量体系要复杂一些，譬如就应该有特殊过程（如铸造、锻压、热处理等）的控制程序。

3.4.2　绿色质量管理体系的运行机制

（1）四大过程要素形成的输入、输出闭环过程

质量管理体系是一系列相关过程的集合，建立和实施质量管理体系始于明确顾客的需要和期望，在此基础上要确立企业的质量方针和质量目标，进而要确定实现目标所必需的过程，通过持续不断地控制和改进过程来实现质量的改进、成本的降低和生产率的提高。质量管理体系是围绕着过程这一核心来运行的，并且运行中，四大过程形成相对闭环的过程。

"管理过程"的输入包括两个方面，一是"测量、分析和改进"，二是"顾客和其他相关方的要求"。质量管理体系运行质量如何？产品质量如何？顾客和其他相关方的新的要求的满足程度及其接受产品和服务的满意程度处于什么状态？这诸多信息输入给"管理职责"过程，使"管理职责"通过自己的"管理评审"子过程明确加以改进的方向，形成新的"管理承诺""质量方针""质量策划"。这样，"管理职责"就完成了自己的过程"增值"。

"支持过程"的输入是"管理职责"，是根据"管理职责"确定的原则、方针和目标，配置并提供能够确保"产品实现"过程所需的资源。"资源管理"的输出是资源的实物形态，包括人力资源、物力资源和为达到产品符合要求所需的工作环境，以及信息、自然资源和财务资源等。

"绿色物流"的输入包括两个方面：一是实物的输入，即组织内部的"资源管理"的提供，这种资源包括人员、基础设施、工作环境、信息、财务等；二是信息的输入，就是顾客和其他相关方的要求。同样，"绿色物流"的输出也包括两个方面：一是实物的输出，即满足规定要求的产品输出给顾客和其他相关方；二是信息的输出，即对可提供的产品和产品实现过程进行的"测量、分析和改进"。

"测量、分析和改进"的输入包括两个方面，一是"产品实现"的输入，二是顾客和其他相关方满意与否的信息输入，同时，又向"管理职责"输出分析和改进的信息，而且，它还为质量管理体系的持续改进提供信息输入。

上述四大过程形成了一个结构性闭环，不断循环，不断改进，不断提高，体现了质量管理体系的特征和主要过程内容。过程方法模式是一种简化了的质量管理体系示意图。在质量管理体系的实际运作中，输入和输出是相当复杂的。例如"产品实现"过程就有"管理职责"，如质量方针、质量目标、管理要求等信息的输入；同时，"产品实现"过程也可能直接向"管理职责""资源管理"输出反馈信息，并对新的要求输入加以改进，为满足输出结果自我调整以适应需要。

（2）以"绿色物流"过程为核心的主体过程

位于模式中心处的"绿色物流"过程将顾客的要求转换为了顾客的满意。为了使这一过程得以顺利实现，必要的资源的保证是不可缺少的；顾客的需要和期望在不断变化，必须对产品实现过程进行不断的测量、分析和改进，以确保顾客满意的实现。所以，绿色质量管理体系模式是以"产品实现"为核心过程的体系模式。

"绿色物流过程"在组织的质量管理体系中处于非常重要的或者是主导的地位。

首先，过程的输入和输出都直接与顾客和其他相关方相联系。组织的过程直接从顾客和其他相关方处获得要求的信息输入，又通过直接输出产品提供给顾客和其他相关方。质量管理的第一原则就是"以顾客为关注焦点"，这一原则的具体落实主要就体现在"绿色物流"过程中，在现实中，顾客最关心的是产品及其"绿色物流"的过程。

其次，"绿色物流过程"既有实物的输入和输出，也有信息的输入和输出。当然，其他过程也存在有这两种输入和输出，但都没有"绿色物流过程"表现得直接、充分和具体。物流和信息流通过"产品实现"的融合，达到实现组织目标的根本任务。若组织没有"绿色物流"过程，组织就没有立身之本，也不可能存在下去，体系依存的其他要素过程也就失去了意义。

最后，在质量管理体系的"四大要素过程"中，"绿色物流"过程具有主导的地位，是其他各过程要素的基础，其他过程的运作是围绕"产品实现"来运作的。在组织的诸多过程中，"绿色物流"不仅是直接实现增值转换的过程，而且也是创造方法、应用技术、优化组织形态、响应顾客满意的最典型的过程。质量管理所应用的过程控制和技术方法，在相当多的情况下，就是对"产品实现"过程精细化、标准化的控制和再造。尤其是为响应顾客的特殊需求，组织不得不以"绿色物流"过程为中心前伸后延，使整个体系过程围绕满足顾客要求、增强顾客满意实施质量策划、目标设定、设计开发、采购、资源提供等一系列的管理或控制[105]。

（3）企业内资源循环利用的绿色协调过程

绿色质量管理体系模式中始终贯穿着资源循环利用的绿色协调过程，它是伴随着产品实现过程并行进行的。资源的循环利用过程包括两个方面：一是企业生产过程中产生的废弃物的循环利用，二是企业废旧产品的循环利用。

企业生产过程中产生的废弃物的循环利用，主要是针对废气、废水和固体废弃物进行循环利用。通过循环利用，使废弃物作为资源重新进入生产过程，重复性地多次实现其价值，并把污染物的排放降低到最低点，甚至实现污染物零排放。废气的循环利用一般是把主要生产过程中产生的低热值废弃，进一步用于发电或加热，既节约了能耗，又减少了有害气体的排放；废水的循环利用是把废水经过净化处理达标后再次应用到生产过程中，而不是直接排掉，这样既可以节约用水，也大大减少了废水的排放量；固体废弃物的循环利用一般是作为原材料用于生产其产品，实现资源—产品—再生资源的循环型产业链，使资源尽可能充分地得到有效的利用，既降低了成本，又有效地保护了环境。

废旧产品的循环利用，主要是指废弃产品的回收再利用。传统质量体系模式下，产品售出后就脱离了企业，不再与企业有关，企业从不关心废旧产品给环境带来的负面影响，也不会努力减少产品使用后造成的环境影响，不考虑废旧产品的回收利用成本，对整个生态系统来讲，既不利于社会经济，也不利于环境保护。

（4）企业之间绿色合作的潜在过程

绿色质量管理体系模式中的资源外部循环，是指企业生产过程中的副产品输出不能被企业自身内部回收利用的情况下，或是产品寿命结束后的废弃物处理不能被企业再利用时，希望进入社会的合作中心组织，反过来，企业也可以从社会的合作中心组织获取所需的其他企业的副产出，实现企业间围绕资源循环利用的绿色合作。企业间的合作不是一种新现象，而当企业间绿色合作升级为不同企业间通过围绕着生产性资源进行循环再生利用而开展的一种生态产业的经济合作模式时，就是一种新现象、新趋势、新课题[106]。20 世纪 90 年代以来，企业间的绿色合作行为随着全球环保意识的崛起和生产资源的短缺在世界范围内不断兴起，其标志是工业共生体的数量增长和企业合作模式的不断创新。自 20 世纪 70 年代丹麦卡伦堡工业共生体出现以来，企业绿色合作发展迅猛。因此，在工业共生过程中所建立的以工业副产品交换为纽带的网络效应，提高了资源的利用效率，降低了交易成本，建立了企业间的绿色合作关系。企业绿色合作的本质是以资源的循环利用为特征、以实现经济效益和生态效益为目标的新型组织关系与组织形式。总之，企业绿色合作体现了共赢的企业竞争合作关系，取代了单一的市场恶性竞争。

3.4.3　绿色质量管理体系运行的特征

3.4.3.1　绿色质量管理体系的绿色需求外部驱动

绿色质量管理体系的驱动力量首先是满足消费者的绿色消费需求，这也是全面质量管理以顾客为关注焦点的原则和思想，其次，企业绿色生产要满足政府和法规的要求，后者为强制力的要求。

（1）顾客的绿色消费需求驱动

随着消费者消费水平的提升和国际绿色消费浪潮的推进，人们的绿色意识逐步提高，绿色需求不断强化，绿色消费将日益走进人们的生活，成为大众化的消费潮流。而绿色消费浪潮也将对消费水平的提高、消费结构的改善和消费模式的重塑产生深远的影响。中国消费者协会提出，绿色消费的概念主要有三个方面的含义：① 倡导消费者在消费时选择未被污染或有助于公众健康的绿色产品；② 在消费过程中注意对垃圾的处置，不造成环境污染；③ 引导消费者转变消费观念，崇尚自然、追求健康，在追求舒适生活的同时，注重环保、节约资源、实现可持续消费[107]。

绿色消费观念决定了未来市场的消费趋势，绿色消费需求驱动并决定了企业的生存和发展。生产企业把生产绿色产品作为企业的发展方向，从产品设计、原材料选择、产品生产、产品包装、产品运输的处理，在所有的生产环节、销售环节和消费环节都考虑对消费者的健康是否有利，对环境是否有利，以绿色产品的形象赢得消费者的信赖，提高企业的持续竞争力。

（2）政府的绿色法规、标准要求驱动

1847 年英国爱尔兰首先颁布了《河道条令》，这是世界上第一部环境法规。到了 20 世纪中叶，由于环境问题日益严重，环保问题成了许多国家的当务之急。日本从 1949 年起，东京、大阪等大工业城市先后制定了公害防治条例和规定；美国、德国、瑞典等也都相继制定了各种法律和相应的环境标准；国际标准化组织于 1972 年开始制定环境领域的基础标准和方法标准。我国的环境立法和环境标准化工作开展得也比较早：1956 年卫生部和国家建委联合发布了《工业企业设计暂行卫生标准》，即第一部环境部标准；1973 年颁布了《工业"三废"排放试行标准》，即第一部环境国家标准；1979 年颁布了《中华人民共和国环境保护法（试行）》[108]。

绿色质量管理体系的建立应遵循国家及国际的环境法规、标准，作为相关的环境保护设计和工业制造的标准依据，从而规范企业自身的环境行为。环境法规依据一个国家的发展水平和环境状况来制定，国家的法律和规章通过"命令和控制"的手段，以其权威性和普适性，要求所有公民和法人都知法、守法。环境标准在我国也同其他国家一样，在为保护人类环境的一系列活动中发挥着重要作用，随着环境法规的逐步完善，将进一步推动绿色质量管理体系的建立和健全。

3.4.3.2 绿色质量管理体系的"双零"目标内部驱动

（1）"零缺陷"目标

零缺陷管理，又称无缺陷管理（简称 ZD），是由被称为全球质量管理大师的美国管理思想家菲利普·克劳士比于 20 世纪 60 年代初提出的。菲利普·克劳士比定义了零缺陷质量的 4 项原则：质量的定义是符合要求的；质量通过预防措施来达成；质量的执行标准是零缺陷；质量要用不符合要求的代价来衡量。"零缺陷"通常泛指"零缺陷管理"，质量管理目标达到完美，没有致命缺陷或重大缺陷，轻度缺陷也很少，产品使用用户得到最大程度的满意，为用户创造最大的价值。

绿色质量管理体系的"零缺陷"目标基于的是全面质量管理的"零缺陷"管理思想。生产者、操作者要努力使自己的产品、业务没有缺点，强调全员对产品质量和业务质量的责任感，一开始就本着严肃认真的态度把工作做得准确无误，而不是依靠事后的检验来纠正。生产中面向产品的开发设计、工艺规划、生产制造，以及服务领域等各环节、各层次应进行全过程、全方位的管理，保证各环节、各层次、各要素的缺陷趋向于"零"[109-110]。

（2）"零污染"目标

面对全球生态环境的恶化，20 世纪 90 年代，环境管理进入标准化阶段，国际标准化组织于 1995 年颁布了 ISO14000 环境管理体系标准，为企业环境管理提供了标准化的依据。企业加强环境管理，积极争取 ISO14000 认证，不仅能够被世界贸易组织和国际社会认可、推动，同时可以降低环境风险，提高市场竞争力和占有率；企业加强环境管理，采取排放达标的零点行动，如促进节能降耗、低污染、低排放的各种措施，不仅可以降低成本，还可以提高员工的环境保护素质，强化环境责任心，防止违反环境管理规定导致的潜在不良后果，保证企业的长期可持续发展[111]。

绿色质量管理体系强调企业树立绿色质量的理念，"零污染"目标驱动下，企业实施集绿色需求识别、绿色设计、绿色制造、绿色包装、资源综合利用等一体化的低污染排放甚至零污染排放的管理模式，其核心思想是将污染物消灭在生产的工艺过程之中，从源头抓起，采用少产生和不产生废物的新工艺技术，减少污染物排放，大幅度削减末端治理。企业绿色质量管理背后的"零污染"目标将会推动企业实现节约、和谐、健康和环保的绿色质量战略。

绿色质量管理体系"双零"目标的并行发展，使得企业的"零缺陷"质量管理思想与"零污染"环境管理思想互相融合、缺陷预防与污染预防相结合，实现企业未来真正意义上的"零缺陷"，给企业带来长期的效益和持续的竞争力。

3.4.3.3　绿色质量管理体系的一体化管理思想

（1）绿色的和谐、节约、健康、环保思想

绿色质量管理中的绿色的含义，即绿色包含和谐、节能、环保三个方面。绿色中的和谐蕴含着和谐生万物，并使万物生机勃勃，绿色象征着生命，象征着人与人、人与社会、人与环境、企业与企业、企业与社会、企业与环境的和谐；绿色代表节能，绿色质量管理强调主动节约资源和能源；绿色代表着环保，绿色质量管理意味着质量管理活动对环境负责；企业的节能、和谐与环保的思想行为意味着企业向可持续发展目标的努力，因此，绿色象征着可持续发展。绿色本身包含的和谐、健康、节约和环保的一体化思想贯穿于绿色质量管理体系的始终。

（2）绿色质量管理体系的一体化管理

面对社会愈来愈多的需求压力和竞争压力，现代企业积极采用国际标准，建立质量管理体系（QMS）、环境管理体系（EMS）和职业健康安全管理体系（OHSMS）等多个标准体系。然而，当多个管理体系在同一组织中独立运行时却不可避免地会产生资源冲突、管理职责重复、协调成本较高等诸多问题，企业有必要协调质量管理、环境管理和职业健康安全管理等管理功能，进而形成一个精简高效的大系统，建立一个一体化的管理体系（IMS，Integrated Management Systems），以达到减少系统消耗、优化资源配置的目的。

绿色质量管理体系的构建事实上贯穿了一体化的管理思想。绿色质量管理思想融入了质量管理思想、环境管理思想和安全健康的一体化思想，同时，它还蕴含着和谐管理思想、战略管理思想和可持续发展的管理思想。对企业管理者而言，无论是哪个管理体系，都是在一个企业内部，在同样的人员、同样的产品和同样的生产过程之中，只不过是强调管理的侧重点不同，但各方面都是企业总体管理的组成部分。因此，各个体系的建立和运行只能有机结合、协调发展，而不能互相割裂、各自独立。从企业管理者的角度看，不过是建立和运行一个能同时满足各个标准要求的综合管理体系，那就是绿色质量管理体系。它可以满足任何认证机构的认证要求。

3.4.3.4 绿色质量管理体系的持续改进

（1）企业利益的持续改进

企业绿色质量管理体系的构建基于的是 ISO9000：2000 的质量管理体系的过程方法，基于过程方法的质量管理体系的运行遵循全面质量管理的重要思想——PDCA 循环思想。企业依据所建立的市场反馈系统和质量信息系统的信息，不断了解和识别改进的机会，设定质量改进的目标，提出质量改进的方向，采用科学的技术与方法，如统计方法等，对现有的质量系统进行改进。

绿色质量管理体系的运行遵循 PDCA 循环思想，要求在企业整体上执行 Plan—Do—Check—Action 循环，而各个部门也要有各个部门的 Plan—Do—Check—Action 循环，每循环一周，质量水平都要上升一个新的台阶。

（2）企业环境效果的持续改进

在 ISO14001 标准中，"持续改进"的定义为，"强化环境管理体系的过程，目的是根据组织的环境方针，改进整体的环境绩效"，同时指出体系运行的评价应从三个方面考虑：充分性、适宜性和有效性。由于许多组织只是把获得认证当成最终目标，在运行体系的过程中难以做到持续改进，而绿色质量管理体系的建立本身蕴含着和谐、环保的发展思想，充分考虑到企业的环境保护问题，因此，在这种集成思想的指导下，企业环境管理效果的改进要较单独环境管理系统下的持续改进好得多。绿色思想在节约资源、治理污染获得改进效果的基础上，反过来会更加促进企业总体利益的提高。

3.5　本章小结

本章对绿色质量管理体系的体系构建进行了研究。

（1）探讨了绿色质量管理体系构建的过程方法的原理，说明过程方法构建体系的意义。

（2）在阐述绿色质量管理体系策划原则的基础上，构建了绿色质量管理体系的理想模式，并对模式的要素及其关系进行了分析和说明。

（3）探讨了绿色质量管理体系的运行机制和运行的特征，强调了与传统的全面质量管理不同的机制特征。

（4）分析了绿色质量管理体系的运行过程，说明其运行的程序和基本运行过程以及绿色质量管理的绿色合作过程。

第4章 绿色质量管理体系的过程集成控制

4.1 绿色质量管理体系的集成控制系统

4.1.1 绿色质量集成控制的特点与作用

CIMS（Computer Integrated Management System，计算机集成管理系统）环境下，集成质量系统是指把相分离的单元质量保证、质量控制系统与技术通过计算机网络和数据库系统形成有机的整体，及时采集、处理与传递质量信息，使涉及产品整个生命周期的质量活动协调进行的管理系统。它既涉及生产过程中质量信息的采集、反馈与控制，又涉及上层的质量问题决策[112-117]。绿色集成质量管理具有如下特点和作用。

（1）绿色质量集成控制的特点

① 覆盖产品的全生命周期，实现生命周期各个阶段（包括从市场分析、工程设计、生产制造、成品试验到售后服务）的横向过程集成和企业各个层次（包括决策层、管理控制层、执行层）的纵向功能集成，对产品整个生命周期的全部质量活动进行管理和控制；

② 工作方式是用户驱动与环境保护驱动的双向主动驱动，而不是简单的用户驱动或以检验为主的被动驱动；

③ 以计算机网络和数据库管理系统为支撑，实现质量信息的提取、交换、共享和数据处理的集成化，体现并行的特征；

④ 强调在质量问题的"源"处控制质量，而不仅仅是对已产生的质量缺陷进行处理，进行的是过程控制，而不仅仅是产品生产结果的控制，重点是预防，包括产品的实现质量以及资源的有效利用；

⑤ 是一个模块化的开放式系统，能够根据企业环境的变化以及对质量要求的不断提高，进行相应的扩充、修改和完善，以适应变化的环境。

（2）绿色质量集成控制的作用

CIMS 环境下的 IQS 系统（Integrated Quality System，集成质量系统）是一

个集自动检测技术、自动控制技术和质量信息管理技术为一体的综合系统，它运用计算机进行自动化的质量数据的采集、分析、处理、传递，实现质量控制、质量保证、质量管理的自动化，对制造企业在战略上和策略上均有重要的作用。

① 有效地支持企业实施全面质量管理。全面质量管理要求全体人员和各部门的参与和对全过程的管理。要实现这一目标，一方面取决于完善的管理机制，同时取决于不同部门之间及时地信息交换和及时地向不同层次提供正确而充分的信息。质量部门需要及时了解用户的反馈信息，生产部门需要根据产品及其零部件的质量状况，动态地安排生产计划。IQS 系统在计算机网络的支持下能够实现企业内部各部门间及企业集团间质量信息的自动传递，及时地向各个层次的人员提供正确的产品及过程质量信息，以便及时做出响应。

② IQS 系统是企业实施绿色质量生产的基础。面对国际绿色市场环境的新挑战，为了求得生存和发展，越来越多的企业正在向绿色的生产模式转变。开发、生产绿色产品，注重环境保护，在实现绿色产品开发、生产管理及资源循环等自动化过程中若忽略了自动化的质量系统，则落后的质量控制手段、滞后的信息反馈、大量有用的质量信息的丢失等，都将成为企业有效运行的薄弱环节。

③ 能实现对急剧增长的、大量的质量数据的有效管理。在现代化的制造企业中，质量信息猛增。产品性能的完善化、结构的复杂化及精细化和功能的多样化使产品所包含的设计信息、工艺信息及与其相适应的质量信息猛增；消费的个性化、市场的多变性，以及由此而产生的多品种、小批量的柔性化生产趋势，促使质量信息剧增；在线检测、监控、补偿技术的发展和广泛应用使检测数据大量增加，因此需要有效的管理手段。

④ 及时对质量实现过程做出有效的评价，缩短故障响应时间，减少故障损失。计算机辅助的质量控制、质量保证以及所产生的报告和文件可以提供最充分的客观证据，便于质量管理体系的有效、持续改进。

在计算机网络和数据库系统的支持下，自动化的质量系统可以向各个层次的决策者提供快速而正确的各类信息和决策支持，以便根据变化了的情况及时做出决策。

4.1.2　绿色质量集成控制的方式

质量集成方式主要包括信息集成和功能集成，从集成空间角度包括纵向集成和横向过程集成，而信息流和体现功能实现的工作流则贯穿于纵向与横向的继承空间。

4.1.2.1　绿色质量信息集成

企业绿色集成质量系统致力于面向制造企业完整质量保证体系提供集成化的企业级解决方案，在提供各项质量管理功能与工具的同时，更加注重实现各功能与工具之间在产品研制与批生产全过程以及质量保证体系中不同层次与部门之间的信息集成、功能集成和过程集成。

信息社会环境下，产品的成本、质量、服务和时间四个基本竞争要素中，时间要素所起的作用越来越大。质量管理只有具有迅速应变能力，才能适应日益激烈的市场竞争。信息、技术加剧了市场竞争，但也为提高质量管理的应变能力提供了技术支持。企业可以利用信息、技术来改进内部的信息交流，减少不必要的中间环节，加速企业内部的信息流通速度，减少信息流通成本。企业可以利用信息技术快速地了解到市场的变化和竞争对手的状况，从而更好地为企业的质量决策部门提供决策支持。

绿色质量信息系统能够建立产品数据管理系统、物资供应管理系统、生产制造管理系统、客户关系管理系统、资源循环管理系统，分别提供管理及评价产品设计质量信息、物资供应质量信息、生产制造质量信息、客户管理质量信息、资源循环质量信息，以便有效地实现集成化管理，将用户的需求信息可以方便、快速地反馈到企业中。反馈信息的类型包括问卷调查、用户咨询、用户意见、用户投诉等。可利用邮件、服务网点、调查、电话、互联网等传统的和现代的方式获取信息。随着计算机和互联网的普及率的不断提高，网上调查和用户在线意见反馈等方式将会被越来越多地采用。企业还可以利用信息技术宣传好自己，让更多人认识、了解自己，从而扩大自身的影响力。信息时代为实现敏捷制造、虚拟制造等新的生产组织管理模式提供了技术上的可能性。这些新的模式能更好地满足用户对产品个性化、多样化的需求趋势，能适应产品生产的多品种变批量的发展方向。质量管理应能适应这些变化和发展趋势，充分利用信息技术的数字化、智能化、网络化和虚拟化等特点，采用新的质量管理思想、方法和组织对不同的生产方式进行不同的质量管理。

4.1.2.2　绿色质量功能集成

制造企业的集成质量管理体系从功能上可以划分为产品过程质量管理、质量体系综合管理、质量体系资源管理与质量管理工具四个部分。产品实现过程质量管理是其质量体系与质量管理活动的中心环节，其他三个部分均是围绕这一中心提供配套的支持与服务。现将这四个部分分别描述如下。

（1）产品过程质量管理

产品过程质量管理是制造企业质量管理活动的核心环节，其目的在于提供贯穿从产品市场调研、需求分析、设计开发、加工制造、装配测试、储存、发运现场服务、回收处置等产品全生命期全过程中的质量管理与控制，以有效保证并持续改进产品质量，赢得用户满意。围绕产品全生命期全过程，产品实现过程的质量管理又可以进一步划分为使用过程质量管理、产品设计开发过程质量管理、采购过程质量管理以及生产过程质量管理四个部分。

① 使用过程质量管理。使用过程质量管理是产品全生命期质量管理循环的起点和终点，在产品全生命期质量管理中占有重要地位。在这一环节，质量管理体系需要具备两方面的功能：一方面是合理地把握用户或市场的质量需求，并加以科学的处理与描述，以作为产品设计开发环节以及质量改进环节的输入；另一方面，对产品销售、安装、维护与使用过程的工作质量与服务质量进行管理与控制，同时，对产品使用过程中的质量信息进行收集与处理，以便为产品的质量改进提供反馈支持。

② 产品设计开发过程质量管理。产品设计开发过程质量管理对于产品最终质量的形成具有决定性意义。据统计，产品设计开发环节所花费的成本不到产品全生命期总成本的 5%，但却决定了产品质量与成本的 70%~80%。在产品设计环节，质量体系一方面需要采用一系列的工具、方法与制度，确保设计过程的质量，防止设计环节的重大失误与疏漏；另一方面，要综合运用多种工具与方法确保将用户的质量需求在产品设计过程中加以贯彻与落实，将质量需求逐步转化为产品设计、制造、装配等环节的工程目标、技术手段与保证措施。

③ 采购过程质量管理。采购过程质量管理对于实现和保证最终产品质量是极其重要的。现代制造企业的质量管理体系需要对采购过程提供严密有效的质量管理与控制，对从订货、到货检验、入库登记直至库存保管等一系列环节提供监控，确保外购、外协原材料与器材的质量。同时，将到货检验的质量信息反馈给供应商管理环节，作为评价与考核的直接依据。

④ 生产过程质量管理。生产过程质量管理旨在实现对产品制造、加工、装配与测试等环节的质量管理与控制。按照实时性的不同，可以将其划分为在线质量控制与离线质量管理两个方面。在线质量控制运用一系列自动化检测与控制手段对制造过程进行实时的闭环检测与控制，而离线质量管理则运用工序检验、最终检验等方式对产品制造质量进行线外的检查与控制评价，并通过各种统计报表对制造过程的整体或局部质量进行分析与评价，据此展开改进与优化。

（2）质量体系综合管理

质量体系综合管理一般对应于制造企业的综合管理层，对整个制造企业的质量体系及其活动进行管理、考核与评价。包括：① 质量体系文件管理用于实现对质量体系的描述性与程序性文件进行统一管理；② 质量目标管理用于为企业质量管理活动提供自上而下的、有序的目标分解、计划制订与落实执行的一系列管理支持；③ 质量考核与奖惩管理用于建立并执行严格、科学的质量考核与奖惩机制；④ 质量体系内审管理用于对质量体系的内部审核过程提供支持，以确定质量体系是否符合标准要求并得到了有效实施与保持；⑤ 管理评审用于对质量体系的适宜性、充分性和有效性提供定期的评审，以明确质量体系改进的计划和变更的需要；⑥ 持续改进管理运用多种工具、方法与手段，实现对产品实物质量、制造与管理过程质量以及工作质量的持续性的改进。

（3）质量体系资源管理

质量体系资源是指构成质量体系的物质基础。对于制造企业而言，质量体系资源可以是人员、技术、信息、设备、供应商、客户等，质量体系应该明确地识别实现质量目标所需要的资源并加以保证。例如：① 对于设备的质量状态和加工能力进行管理；② 对人员进行培训与考核以确保其具备所需的能力；③ 对企业中的质量文档进行管理与控制，以确保其有效性、一致性与完整性；④ 对标准与规范进行统一管理与控制，以确保技术与管理行为对规范的符合性；⑤ 对质量成本进行管理与核算，并以此作为展开质量改进、绩效评估等活动的参考依据；⑥ 对企业的计量器具进行全过程的管理与控制，以确保测量基准传递的可靠以及量值的准确与可信；⑦ 对供应商与合作关系进行管理，以确保企业拥有稳定、可靠的供应链；⑧ 对客户以及客户关系进行管理，以及时、准确地掌握客户需求，改进客户服务质量，提高客户满意度。

（4）质量管理工具

现代质量管理十分强调并注重运用各种先进的管理工具以提高质量管理工作的效率与质量。在制造企业中，对应于计划、设计、制造、检验、综合管理等环节与管理职能，均有相应的质量管理工具加以支持，如：① 运用统计过程控制（SPC）工具，可以对制造过程的质量状态、质量能力加以分析、监控与预测，是实现在线质量分析与控制的重要技术手段；② 运用故障模式与影响分析（failure mode & effect analysis，FMEA）工具，可以在设计开发阶段对产品在使用过程中可能发生的故障及其产生的影响进行系统性的预测与分析，并加以改进与预防，以提高产品的可靠性；③ 测量系统分析（measurement system analysis，MSA）工具用于对测量系统、工具、方法的精度、稳定性等能力指标进行分析与评价，以确保测量过程与方法的可信性与稳定性；④ 质量功能配置（QFD）工具可以将来自市场的用户需求逐级分解转换为可操作的工程指标，以实现用户需求在产品设计、制造、销售与服务等过程中的贯彻与落实；⑤ 鱼刺图工具能够帮助企业人员系统性地分析产生质量问题的各种原因及其相互关系；⑥ 设计质量评估工具能够以科学的方式对产品设计开发质量进行定量、定性的评估与评价；⑦ 实验设计（design of experiments，DOE）工具能够优化实验方案，以较少的实验代价得到真实的实验结果；⑧ 质量策划工具能够帮助企业对质量体系的目标、运行过程以及相关资源进行科学、合理的规划与控制；⑨ 顾客满意度测量工具能够对顾客的满意度指标进行测算与评价，以帮助企业真实了解当前的质量水平以及未来的改进方向。

4.2　绿色质量管理体系的集成空间与控制模式

4.2.1　绿色质量管理体系的集成空间

绿色质量集成管理系统从空间上可以划分为纵向的管理职能的集成，以及以产品实现过程为主体的横向集成。

（1）纵向集成

纵向集成是层次型集成，即与质量形成有关的信息流和工作流在企业质量保证体系中的决策层、管理层、实施层和执行层之间的自上而下和自下而上的集成。企业质量体系的决策层、管理层和实施层分别对应着企业环境中的决策部门、管理部门和生产实施部门。决策层位于质量系统的最高层，通常是指企业的主管质量的总经理或总质量师，负责制订指导企业质量工作的质量方针、目标、政策和计划；管理层是指企业质量管理职能部门，一般应包括质量综合管理、评审考核、技术分析、标准化等部门，负责对企业的质量工作进行全面协调与管理，包括人员培训、综合质量评审、质量成本综合管理、企业质量资源配置、质量信息综合分析与处理，根据产品的质量状况制订相应的措施并监督执行；实施层是指产品质量目标和计划实施与执行的部门，应能够对产品开发与制造过程的质量实施控制，分析产品质量趋势、产品质量信息管理、产品质量成本管理；执行层是指位于设计、采购、生产现场、销售和售后服务现场等基层部门的质检站、质量小组、质量信息采集点等，实现现场质量信息采集、质量问题处理、产品符合性检查、现场过程的质量控制。纵向集成实际上可以认为是企业管理体系的整体集成在质量系统中的体现和映射。

（2）横向集成

横向集成是过程型集成，即与产品质量形成有关的物料流、工作流、信息流围绕产品对象在起始获取用户和市场需求分析，经过设计、过程开发、采购、生产准备、制造、质量验证、包装与储存、销售与分发、安装与运行、技术支持与服务、售后、用后处置，又回到获取用户和市场需求分析这一质量形成全过程的集成。同纵向集成相比，横向集成可以看作产品开发过程的集成在产品质量形成过程上的体现和映射。

纵向集成与横向集成不是相互割裂的，它们分别从企业的管理组织机构和产品质量形成过程这两个不同的角度描述企业集成化的质量管理系统。纵向上每个层次内存在着横向关系，横向上的每个环节也都与纵向上的相应环节存在着纵向关系，在纵向和横向两个维度上同时保证实现集成可以有效地保证质量系统能够与企业整体环境真正融合在一起，形成一个有机的整体，实现质量信息在企业各层次间顺畅地上传下达、质量活动在产品形成过程中有序进行、质量目标和计划在企业范围内有效贯彻。

4.2.2 绿色质量管理体系的集成控制模式

按照绿色质量管理集成控制的特点，构建集成控制模式，如图4-1所示。

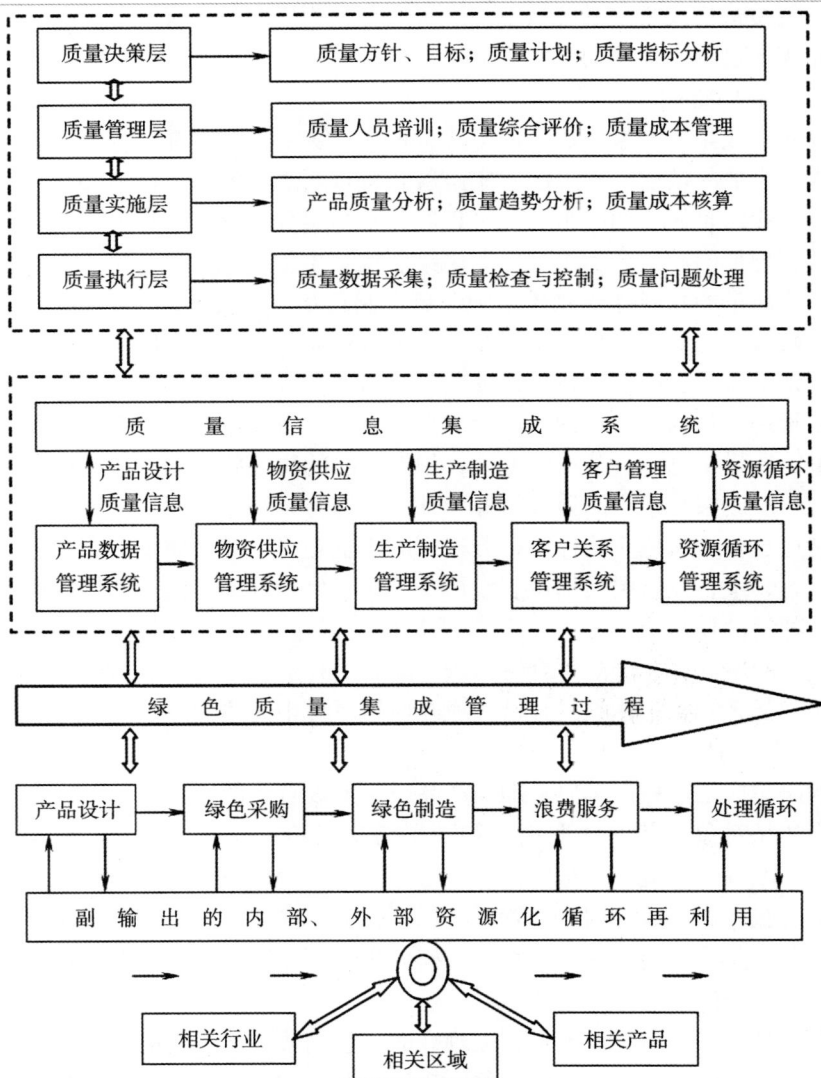

图4-1 绿色质量集成管理与控制模式

Fig. 4-1 Green quality integrated management model

该模式体现了绿色质量管理体系的管理过程与产品实现主体过程的管理，将资源管理与测量分析改进过程作为支持手段融入管理与产品实现过程中。

4.2.2.1　绿色质量体系集成控制模式的特点

（1）质量目标与企业目标的统一

该模式从广义的角度描述企业的质量管理职能，实现了质量目标与企业经营目标的统一，反映了质量约束的实现过程和质量控制的运行机理，包含了质量控制和质量实现两种质量职能，传统意义上的质量职能（狭义）只包括质量控制职能，忽视了质量职能的整体性，从而在具体实现时易于破坏质量职能的系统性，将质量工作与其他业务职能对立起来，最终降低企业质量职能的效率。

（2）面向主体过程并细分化

该模式是面向产品实现主体过程控制的，应用时可以根据实际情况进行细分。如可以分为产品实现的正向物流过程和逆向物流过程，充分考虑资源的节约、循环过程。从绿色设计、绿色制造到使用后的循环化处理体现的是一个环形的生命周期。

（3）信息流在内外空间的集成

该模式从信息和信息流的角度描述了集成质量系统在内部两个集成空间上的集成方式（系统纵向集成以及分布于产品生命周期中的各个相关业务过程间的横向信息集成，通过信息流的传递有机地实现质量管理过程）以及从企业间的合作角度实现企业间的信息集成。

4.2.2.2　绿色质量管理体系的纵向集成化管理

一个有效的集成质量系统必须与企业的质量体系相适应，不同的企业一般均根据本企业的实际需要设计、开发和运行适合本企业的 IQS 系统，分析产品质量形成各阶段相应的质量活动。一般认为 IQS 包括如下功能：质量计划、检测与质量数据采集、质量评价与控制、质量综合信息管理。按照其涉及的范围和活动的内容，可将 IQS 分为质量决策层、质量管理层、质量实施层和质量执行层四个层次，它们之间的信息传递方式如图 4-2 所示。

（1）质量决策层

质量决策层为企业质量目标和质量方针的决策提供支持，并将已确定的质量方针进行分解与落实，建立 IQS 与 CIMS 其他子系统，如 CAD 和制造资源计划等之间的联系。

① 制订质量方针首先考虑顾客的需求。社会公众对环保问题的日益关注和消费者对绿色产品的倾心预示着今后市场的走势，也决定着企业今后的质量发展方向。因此，企业在制订方针、目标时，应把环境保护贯穿于企业的方

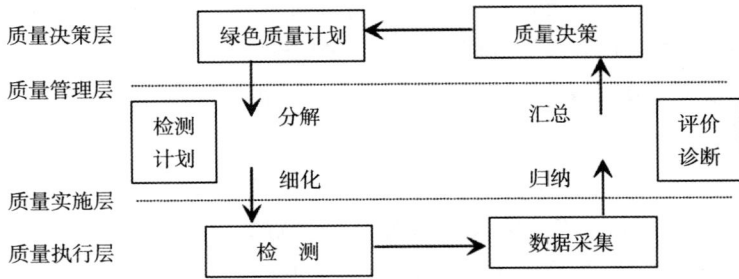

图 4-2 IQS 系统层次结构及其数据传输

Fig. 4-2 Hiberarchy and data transfers in IQS

针、目标之中，目标可行性应从企业经济利益和社会环境利益综合考虑；企业质量方针、目标不仅要满足环境的和谐理念，同时，质量目标的确定应尽量保证可测量，并确保落实到组织的相关职能和层次上。

② 进行绿色质量管理体系的策划，制订质量计划。质量策划是质量管理的一部分，致力于制订质量目标并规定必要的运行过程和相关资源以实现质量目标。质量策划过程，应先制订质量方针，根据质量方针设定质量目标，根据质量目标确定工作内容、职责和权限，然后确定程序和要求，最后才付诸实施。体系策划应符合实施方针和目标的要求，策划内容包括：确定公司的组织结构，明确各部门、各岗位职责权限，确保与绿色质量目标相适应；确定为实现绿色质量管理体系有效运行所需的资源配置，并与绿色产品实现过程策划的内容协调一致。

③ 进行管理评审及指标分析。最高管理者通过开展绿色质量管理评审，以审视质量管理系统能否与绿色质量方针、目标保持持续的适宜性、充分性和有效性，包括评价质量管理体系改进机会和变更的需要。评价组织的质量管理体系与变化的环境的适宜性，要求组织随着产品、过程、资源、环境的变化不断调整以适应变化；评价、分析已建立的质量管理体系及指标体系，在资源、技术、控制等各个方面能否得到充分的保证，通过评审，发现不能保证绿色设计或绿色生产之处，进一步补充和完善；评价已建立的体系，以及完成的各项管理活动达到绿色方针、目标的策划结果的有效程度。

（2）质量管理层

质量管理层是指企业质量管理职能部门，一般应包括质量综合管理、评审考核、技术分析、标准化等部门，负责对企业的质量工作进行全面协调与管理，包括人员培训、综合质量评审、质量成本综合管理、企业质量资源配置、质量信息综合分析与处理，根据产品的质量状况制订相应的措施并监督执行。

质量体系管理过程一般对应着企业的综合管理层，对整个企业的质量体系及其活动进行管理、考核与评价，为产品实现过程的质量管理提供体系层的计划与控制。其中一般包括体系文件管理、质量目标管理、质量体系审核以及持续改进等相互关联的子过程。

（3）质量实施层

质量实施层是指产品质量目标和计划实施与执行的部门，应能够对产品开发与制造过程的质量实施控制，分析产品质量趋势、产品质量信息管理、产品质量成本管理。

产品质量分析可以通过顾客的满意度调查，以问卷或电话咨询等方式获取产品质量的相关数据，采用科学的顾客满意度评价方法，对产品质量的满意情况做出分析。

质量趋势分析可以通过统计方法，结合产品的顾客满意度分析，将质量的特性指标，如性能、可靠性、可信性、适应性、经济性及绿色环保性进行分类分析，掌握质量的未来发展及需求趋势。

质量成本核算可以通过对预防成本、鉴定成本、内部损失成本和外部损失成本的计算，考虑环境成本的影响，对质量成本做出综合分析。质量部门实施和完成检测计划，建立质量数据采集模型，对由执行层获得的质量数据进行分析，生成质量报告和质量保证书。

（4）质量执行层

质量执行层是指位于设计、采购、生产现场、销售和售后服务现场等基层部门的质检站、质量小组、质量信息采集等，实现现场质量信息采集、质量问题处理、产品符合性检查、现场过程的质量控制。

质量执行层的任务是在制造过程中的不同阶段，采用不同的检测仪器或设备进行检验与数据采集，并对制造过程进行控制，使返修品和废品最少。因此，质量执行层的主要任务为：质量数据采集，预处理与符合性检查，生产过程质量监控与控制。

① 收集质量信息内容。按在产品生命周期不同阶段中产生的信息进行类型分析，质量信息的主要内容有：

· 产品策划设计开发、采购阶段的质量信息。包括：市场调研信息，产品市场定位信息，供应商质量评价，原材料采购情况，其他相关信息。

· 产品制造阶段的质量信息。包括：产品使用技术指标，技术准备情况，产品总体设计方案信息，生产流程方案，质量控制方法，检测数据统计分析报告，产品生产效率和质量控制效果情况，生产人员信息，其他有关信息。

· 产品销售、服务中的质量信息。包括：产品市场营销策略信息，产品市场开发计划，顾客反馈信息，产品销售情况，竞争对手销售情况及市场战略，售后服务方式，顾客满意度分析报告，质量成本分析报告，其他有关信息。

• 资源循环回收及其他相关质量信息。包括：报废产品零部件统计信息，报废产品回收统计信息，产品质量追溯信息，资源回收利用情况，废弃物处置情况。

② 收集质量信息的方法。在企业信息系统中，人工获取的质量信息需要通过人工信息录入的方法输入到质量信息系统数据库，自动获取的质量信息可以直接输入到系统数据库。

在自动获取产品质量信息时，常用的方法有：

• 网络咨询。企业建立产品质量调查咨询表，通过网络，由现有客户或潜在客户填写调查咨询表，了解产品质量现状、质量需求信息。

• 网络搜索。建立或引用搜索引擎，确定搜索主题词，选择搜索范围，执行搜索任务，获取需求的质量信息。

• 代码检索。利用现有的国家标准代码体系（如商品条码等），采用配套自动检索装置检索，获得相关质量信息。

• 智能获取。企业数据库中存有大量的原始质量信息，采用人工智能处理、知识挖掘、联机分析、信息系统集成、因果追溯等方法，对原始数据"再处理"，提取新信息。

• 传感器检测获取。使用各类传感器对产品生命过程各阶段进行监控，获取动态、准时的质量信息。

③ 质量检查与控制。处于质量执行层的现场操作人员，除了负责收集质量信息之外，还要负责现场的质量检查与控制。质量信息来源于现场，无论是现场的需求信息还是质量故障信息，其直接来源于质量执行层对现场的严格检查和控制。

不同层次之间的数据传输如图4-2所示。由质量决策层、质量管理层、质量实施层、质量执行层的数据传输是质量计划逐层向下分解细化的过程，而由质量执行层到质量实施层，再到质量管理层和质量决策层是质量数据归纳、汇总的过程。

4.2.3 绿色质量信息集成管理系统

1987年，美国Illinois大学Urbana分校的S. G. Kapoor等人首次提出"集成质量系统（integrated quality system，IQS）"的概念，并迅速被人们所接受，对集成质量系统的研究也在世界各国得到了普遍重视。

集成质量系统是指：以产品对象为核心，面向产品全生命期，构建一个面向过程的集成化、计算机化、网络化的质量管理体系，实现产品质量形成过程中的过程集成；建立质量信息平台，促进质量管理中的信息流动交换与共享，实现信息共享；有效地促进并支持质量体系中各项活动的协调进行，利用信息化手段实现质量管理活动中的功能集成，以提高质量体系的整体运行效率与水平，进而提高企业的适应能力和竞争力。

一般认为，计算机集成质量系统是计算机辅助质量管理技术发展的高级阶段。

绿色质量信息集成管理系统是笔者在计算机集成质量管理系统的基础上，引入绿色质量管理的理论与方法后提出的、面向绿色质量管理过程的集成质量信息管理模式。

4.2.3.1　绿色集成质量信息管理系统的层次

按照应用规模的不同，制造企业中绿色集成质量信息管理系统可以划分为企业级、集团级两种应用层次。

（1）企业级绿色集成质量系统

企业级集成质量系统是当前制造业领域计算机辅助质量管理技术应用的主流形态。系统一般由一系列相互集成、相互衔接的质量管理模块构成，能够覆盖企业完整的质量保证体系，并贯穿产品研制与批生产乃至生命期全过程，支持产品全生命期的全部质量活动，为企业质量管理的信息化提供完整的软件系统。

不同于计算机辅助质量管理工具，企业级绿色集成质量系统致力于面向制造企业的完整质量保证体系提供集成化的企业级解决方案，在提供各项质量管理功能与工具的同时，更加注重实现各功能与工具之间在产品研制与批生产全过程以及质量保证体系中不同层次与部门之间的信息集成、功能集成和过程集成。

在实现形式上，绿色集成质量信息管理系统应该包括质量计划系统、质量综合管理系统、现场质量管理与控制系统、质量评估与改进系统四个主要部分，并且要和企业信息化建设、企业资源计划系统有机融合，和企业信息系统中的各功能子系统形成一个完整的有机整体。

质量计划系统是集成质量系统中的计划层，主要为企业的质量管理和质量控制制订各级方针目标和实施计划，具体又包括质量体系策划、产品质量计划管理和产品检测计划等方面。质量体系策划对企业的质量体系策划与规划提供工具与信息支持；产品质量计划管理的主要任务是在对生产技术状态、产品质量状态的历史、现状及其发展趋势进行收集和分析的基础上，制订质量目标以及实现质量目标的程序和措施；产品检测计划的主要任务是制订从原材料采购到零部件生产与装配乃至整机检验出厂的全过程的质量检验范围、检验项目、检验方法、检验水平、检验手段和设备、检验人员配备以及检验费用等各项内容的规划。

质量综合管理系统是集成质量系统的主要业务管理系统，包括设计质量管理、制造质量管理、使用质量管理、外购外协质量管理、质量体系管理、计量器具管理、质量文档管理、质量成本管理等一些事务性功能，在对各项质量管理事务提供工具支持的同时，实现质量信息的采集、分类、汇总、统计、存储等，同时借助网络环境实现质量体系中各职能与业务部门之间质量信息的交换与传递，实现质量管理的科学化与信息化，并对质量信息进行综合的、全面的分析和审核，为企业的质量管理与决策提供有力的信息支持。

现场质量管理与控制系统主要对生产加工过程实施管理与监控，对现场加工的产品质量状况做出实时评测，根据评测结果，修正加工系统的行为。其具体功能一般包括：在线质量检测，生产现场质量数据的采集、存储、分析，评价反馈控制与管理，关键加工工序的控制，工序质量能力分析等。

质量评估与改进系统主要实现产品设计、制造和使用的综合质量评估，结合质量计划系统、质量综合管理系统和现场质量管理与控制系统的数据和信息，对质量状态、质量结果、质量成本、影响产品质量的因素、质量体系、质量保证活动及其效果进行全局的、综合的评估，为持续的质量改进提供全面的工具与信息支持。

此外，在实现质量体系内部集成的同时，绿色集成质量系统也要注重实现与企业环境、业务流程的紧密集成以及质量系统与相关系统（如 CAD、CAM、CAPP、PDM、ERP 等）之间的集成。在集成质量系统实施过程中，可以通过专用的外部集成接口实现质量系统与外部相关系统之间的挂接集成。

（2）集团级绿色集成质量系统

随着现代制造技术的快速发展以及先进制造系统组织模式的不断出现，产品的研制与生产体系日益呈现出配套研制单位地域分布广、管理层次多、研制关系复杂的特点与趋势。特别是一些制造企业，大多采用多层、分布式的管理模式，配套研制单位广泛分布于全国各地和各种行业，研制配套和技术协调难度加大。与此同时，大型企业集团的整体质量管理信息化建设也日益受到重视并提上议事日程。面向单一企业环境的企业级集成质量系统对于跨研制单位的复杂产品研制生产体系以及大型企业集团质量体系的支持能力显著不足，不同研制单位与管理层次之间的协调机制与交流手段落后，质量信息渠道不畅通，难以真正形成贯穿产品研制与生产全过程的质量保证能力，对建立面向产品整体过程的、覆盖集团企业完整质量保证体系的集团级质量管理系统提出了迫切的需求。

以企业级集成质量系统为基础，构建面向复杂产品过程或大型制造企业集团的集成化质量管理系统是解决上述问题的一个可行的方案，可以充分利用企业原有的质量管理信息化的资源，将多个企业级的系统集成实现异地信息的交换和共享。因此，集团级集成质量系统一般是由一系列异地分布的企业级计算机集成质量系统构成的，具有多层次、广域分布的特点。在全方位覆盖成员企业质量保证体系的同时，各企业级集成质量系统可通过广域集成框架与其他企业集成。

集团级综合质量管理层由集团级综合质量管理系统构成，包含总体质量计划、综合质量信息管理等一系列综合性功能模块，面向集团总体管理部门提供综合质量管理支持。

成员企业基层管理与数据上报层由一系列分布运行在各成员基层单位的企业级集成质量系统构成，提供面向具体基层单位的基层质量管理业务的集成化管理支持，同时，面向集团级质量体系向综合管理层以及相关协作单位提供必要的信息资源与过程协同。广域集成架构用于提供覆盖集团质量保证体系的跨研制单位的质量信息集成与枢纽平台，以支持不同成员单位之间的异地信息交换与集成。

4.2.3.2　绿色集成质量信息管理系统的信息传递过程

绿色集成质量信息管理系统覆盖了产品整个生命周期的所有质量环节，包括产品质量综合信息管理、工程设计质量信息管理、生产准备及辅助信息管理、产品制造质量信息管理和使用过程质量信息管理。集成质量系统能够覆盖整个企业环境，并与整个企业环境协同运行，是企业信息化的重要组成部分，在计算机网络和数据库系统的支持下实现质量信息的集成和共享，并为质量形成过程提供决策支持信息。

为了提高产品质量，绿色集成质量信息管理系统必须把相互分离的单元质量保证、质量控制技术通过计算机网络和数据库系统形成有机整体，及时采集、处理与传递质量信息，使涉及产品整个生命周期的质量活动协调运行，并提高对多变的质量要求的适应能力。质量集成信息体统起着质量信息传递的作用，其传递过程如下：

（1）质量信息传递的多重使命

企业生产经营活动的目的是使自己的产品满足特定用户的特定需求，以获取利润。"质量"从两方面对企业产生影响：成本和收益。从企业的质量管理工作角度看，质量是一个复合约束，这个复合约束由来自外部的用户需求、来自企业内部的获利需求、资源有效利用需求以及环境保护需求共同构成，而企业质量管理工作则是这种复合约束在企业生产经营中活动中的具体实现。质量作为复合约束，可分解为反映顾客需求的外部需求、环保需求和反映企业需求的内部约束。在企业生产经营过程中，体现外部约束的质量信息沿产品寿命周期是以链的方式流动并发生作用的，体现内部约束的质量信息则是以螺旋的方式流动并发生作用的，体现资源需求的质量信息则是以环状的方式流动并发挥作用的。

（2）产品质量信息的链式传递

沿质量信息链传递的是顾客对产品质量的要求，即产品的适应性标准。在现代企业高度的分工体系中，质量信息在传递链的不同环节表现为不同的形式——客户需求的各种代用标准。绿色质量信息系统能够建立产品数据管理系统、物资供应管理系统、生产制造管理系统、客户关系管理系统、资源循环管理系统。产品设计质量信息、物资供应质量信息、生产制造质量信息、客户管理质量信息以及资源循环质量信息，可以有效地实现集成化管理：顾客需求是产品质量的最终标准，包括可用性、可靠性、可维护性、安全性、适应性以及经济性、时间性要求，企业通过市场分析活动捕捉客户需求，当这一阶段结束时，市场分析结果成为替代质量标准用以指导下一步的企业商业决策活动，即质量标准进行了一次传递。与此同时，一个质量评价信息相应地产生了：顾客需求分析结果对客户需求的符合程度。在其后的企业经营活动中，质量标准分别以两种方式指导其后的企业活动：以设计任务书的形式指导技术决策和设计工作，传递顾客需求中的功能性要求。经济性要求和时间性要求，以生产调度指令的形式指导产品生产制造工作，传递顾客需求的时间性要求；以市场策略的形式指导产品的销售及服务工作，传递顾客需求的服务性要求和时间性要求。在产品制造阶段，质量标准由商业决策产生的生产调度指令（反映时间性要求）和技术决策设计工作产生的产品技术文件（反映功能性要求和经济性要求）共同构成。

纵观整个信息链，质量概念以两种形式存在并发生作用：质量标准和质量评价。在链中传递的是质量标准，而质量评价则反映质量信息链中各项工作结果与其质量标准的符合程度，通过质量职能部门的信息采集、处理，最终反映在产品形成或服务形成的过程中。

（3）内部资源信息的环式传递

绿色环保市场要求的环境下，产品生命周期不再是线形的，而是以环形的特征出现的。产品从生产到最终的消费不再是从"摇篮"到"坟墓"，而应该是一种不断的循环过程，生产过程中不应该有废物，或废物要降至最低，资源体现的是被有效利用和循环地使用的。因此，质量资源信息的传递在绿色生产环境下是一个环式的传递过程。伴随质量信息链式传递的每一步都必然地产生资源的评价以及环境保护信息，体现企业需求的内部质量约束是以质量评价信息为起点发生作用的，其信息流动方式为循环反复过程：采集质量评价信息—信息处理—制订质量改进计划—执行计划—巩固改进成果……—采集质量评价信息—……这种资源循环过程，可以在不同的规模进行，既可是全企业范围，也可以是一个部门，或者是某个工序。

（4）外部合作信息的网状传递

绿色质量管理过程强调资源的有效利用和循环利用，强调环境保护下的和谐发展，因此，企业除了自身内部的资源循环利用，还要考虑资源的外部协作，站在企业的系统之外，在相关行业、相关产品或相关区域建立合作伙伴关系，建立合作关系网。外部资源的合作将通过这种网状信息的传递，实现资源的外部循环。产品实现过程中副输出以及最终消费结束后的处理都可以通过网状的信息传递给其他的企业或中间服务部门，以实现真正意义上的资源循环利用。

4.2.3.3　绿色集成质量信息管理系统与其他信息管理的关系

绿色集成质量信息管理系统是企业管理的一个组成部分，与企业的其他管理系统有着广泛的联系，也只有将这些系统融合成一个有机的整体，才更能提高企业的管理水平。

下面主要论述绿色集成质量信息管理系统与 ERP、PDM 之间的关系。

（1）与企业资源计划（ERP）的关系

企业资源计划（ERP）是 20 世纪 90 年代由 Gartner Group Inc. 提出来的。ERP 的提出经历了漫长的发展过程，先后经历了解决库存问题的订货点、20 世纪 60—70 年代的物料需求计划（MRP）和 80 年代的制造资源技术（MRP Ⅱ）。ERP 是一种先进的现代企业管理思想，它希望通过在企业全局范围内进行资源优化配置，实现企业物流、信息流、资金流等的有机集成，从而使企业在市场竞争中能够灵活地适应市场变化，取得良好的经济效益。ERP 的核心部分是生产管理，这也是成千上万种 ERP 软件在企业中应用的主要部分。ERP 包括质量管理的部分内容，但并不与绿色集成质量信息管理系统冲突，相反，它们应该是相辅相成的。一方面，绿色集成质量信息管理系统是使 ERP 得以顺利实施的基础，如果产品质量没管理好，谈先进的企业管理是没有基础的。通过绿色集成质量信息管理系统的持续改进，可以为 ERP 的顺利实施创造良好的环境，并且可以大大减轻 ERP 管理的压力。另一方面，绿色集成质量信息管理系统需要 ERP 提供数据，绿色集成质量信息管理系统中的许多信息可以直接从 ERP 中得来，并且，绿色集成质量信息管理的许多过程必须包含在 ERP 中。

（2）与产品数据管理（PDM）的关系

产品数据管理（PDM）是一门用来管理所有与产品相关信息（包括零件信息、产品配置、CAD 文件产品结构等）和所有与产品相关的过程（包括过程定义和管理）的技术。PDM 的本质是一种跨平台的计算机管理工具，它以产品数据库为底层支持，围绕产品结构，合理组织并有效管理与产品相关的所有工程数据、人员和资源，达到集成管理并控制产品数据及其相关流程的目的，实现企业内各部门集成、并行、协同的产品开发。

PDM 和绿色集成质量信息管理关系密切。PDM 提供产品生命周期数据管理的有效手段，同时，PDM 对产品设计过程质量的控制提供了支持手段。PDM 为绿色集成质量信息管理提供了可供追溯的产品生命周期的数据信息，特别是在产品质量出现问题时的纠正、对产品进行质量改进等情况都需要PDM 的支持。同时，绿色集成质量信息管理系统通过对产品质量信息的分析可以发现产品设计中存在的问题，通过这些问题的分析和反馈可以增加 PDM管理的有效性，促进产品设计水平的不断提高。

4.3 绿色质量体系的过程集成控制

绿色质量管理体系的集成化管理与控制主要体现管理与产品实现两大纵向和横向过程，以横向产品实现过程为主体，纵向过程以管理过程、资源管理过程与测量分析改进过程作为支持过程，均为产品实现过程提供支持。

4.3.1 绿色供应商管理与绿色采购

绿色质量实现过程的集成是正向绿色物流和逆向物流的集成，如图 4-3 所示。绿色过程质量集成反映绿色正向物流过程与逆向物流过程通过信息流将过程之间的实施关系集成化管理与控制。

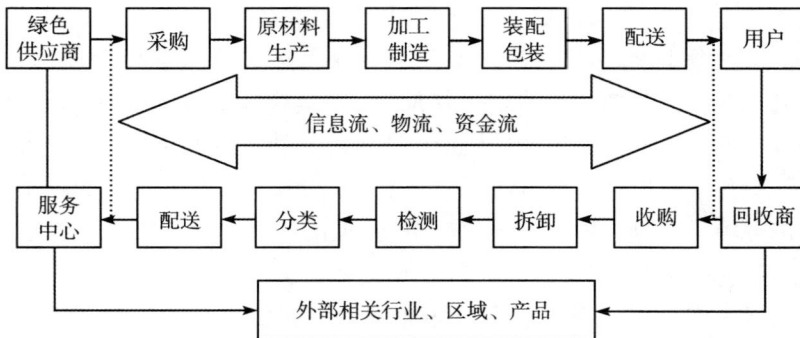

图 4-3 正向绿色物流与逆向物流的集成

Fig. 4-3 Integration of logistics and reverse logistics

4.3.1.1 绿色供应商管理

通常，企业在选择供应商时主要考虑的因素是产品质量、价格、交货期、批量柔性和品种多样性等。在绿色质量管理中，环境因素、保健因素则是重点考虑的主要因素。选择供应商，应该选择具有绿色质量管理意识，重视企业环境管理，采取主动积极的态度实施绿色生产的企业，与之结成绿色战略伙伴。

（1）建立绿色供应商档案

供应商的产品质量及企业供应商的关系对绿色采购的影响越来越大，国际上许多大公司都在通过各种方式，如发动全体员工推荐或基于网络的联系等方式，寻找合适、优秀的供应商，并努力与之保持良好的关系。国内许多企业，尤其是运营良好的企业，已经或正在通过招投标等形式，寻找和选择合适的绿色供应商，建立供应商档案，最终建立稳定的供应商关系。

（2）优先选择获一体化认证的供应商

确定一个企业的绿色经营管理状况，可以对供应商进行环境审计或评价，而更多的情况下，由于考虑到成本问题，获得绿色认证成为供应商选择的一个原则。识别绿色供应商主要看该供应商是否通过了 ISO9000 质量管理体系认证、ISO14001 环境管理体系认证、ISO18000 职业安全认证的一体化认证，以及对于检验测量系统的认证情况。企业发展应逐渐与国际接轨，遵循国际化通用准则，实施绿色管理，提供绿色产品，获得国际市场的竞争力，绿色供应商的国际化环境要求直接影响企业的绿色质量目标的实现。

（3）评价供应商的绿色工艺技术

供应商的绿色产品是基于其企业本身的绿色加工能力，或来源于企业的绿色工艺技术。如果一个供应商在目前的技术情况下，不必追加投资就能够提供环境绩效高的绿色产品，说明该供应企业具有比较高的环保优势，有利于执行客户的绿色规划，进而能够提高企业的整体环境绩效，并能够取得较大的经济效益。因此，在对供应商进行评价时有必要对其现有技术，尤其是对绿色环保技术的使用情况进行评价，以选择合适的绿色供应商。

4.3.1.2 绿色采购控制

大多数制造企业的原材料都是从企业外部采购的，企业应实施绿色质量管理，树立绿色质量理念，坚持原材料的绿色采购。企业在采购过程中，选取绿色原材料是实现绿色采购的一个重要途径。选取绿色原材料，主要从两个方面入手：首先选用与环境友好兼容的材料和零部件来替代有毒、有害及有辐射性的材料，降低污染排放以及产品对人体健康的危害，减少安全风险；其次选用可再生、可再循环利用的新材料或易于降解和再加工的材料。

（1）绿色采购的原则

外购的原材料、零部件或外协件直接影响产品的绿色质量，社会化、专业化协作生产的发展，使外购材料和零部件比重越来越大，因此，必须严格认真地控制采购质量。绿色采购时应坚持以下原则：① 选择好能满足绿色质量要求即具有质量保证能力的合格供方；② 企业内部各部门通力合作，考虑产品生命周期的因素影响；③ 从环境和企业利益两方面协同分析，满足人的生命安全的分析；④ 制订进货检验计划，确定进货检验水平和检验项目；⑤ 做好进货质量记录及有关识别记录，以达到可追溯的目的；⑥ 识别、分析绿色采购涉及的主要因素，主要包括有害材料的采购和处理、投资回收和产品设计采购。

（2）有害材料的采购和处理

有害材料的采购和处理是绿色采购中的关键问题之一。企业生产中的主要环境问题就是有害废物和固体废物的处理，这种有害废物和物体废物更多情况下是由原材料本身的属性造成的，如果可能，应该考虑使用替代材料。这里，采购的原材料也包括化学物品和设备。事实上，国际上许多企业都在寻求有害材料的替代物，如许多电厂采用一氧化碳代替化学溶剂清洗设备。

（3）材料的回收处理

绿色质量管理的绿色核心思想是节约性、和谐性和环保性，绿色的节约意味着没有任何浪费。目前，很多企业都存在资源浪费的现象，如资产闲置问题，采购人员由于长期积累经验，对产品相对比较了解，在采购时就要考虑到各种材料的再利用和投资回收，将会给企业带来环境和经济效益。这方面的主要因素包括：① 多余设备和材料的充分利用；② 废料和使用过的材料的出售；③ 多余设备的出售。

（4）绿色产品的设计采购

质量本身不是检验出来的，它是设计和生产出来的，这是全面质量管理的预控思想，同样适用于绿色质量管理，即生产过程中的废物产生也并非是测量出来的，它来源于产品本身的设计与生产以及过程中的环境管理。因此，末端的污染处理不能解决根本性的问题，还要从源头抓起。许多研究和实践都发现，产品的设计对环境能产生显著的影响，产品的环境影响主要集中在产品设计和加工的设计过程。采购部门应与设计部门互相沟通、交流信息，在设计时对材料进行生命周期分析，减少废物的同时能够降低材料的购买成本和污染治理成本，并需要在设计时考虑减少使用材料和能源；考虑零部件的再利用、再循环和恢复；考虑避免或减少使用有害材料；考虑能源的回收与利用。

（5）基于网络信息化的绿色采购网络

① 加入绿色采购者网络。欧洲绿色采购网络（FGPN）是 1997 年 12 月推

出的，旨在便利公共部门和私有部门以及政府组织和非政府组织中所涉及的各种利益相关者的绿色采购举措，它效仿的是 1996 年为促进绿色产品供应与采购而成立的"日本绿色采购网络"。FGPN 的宗旨是支持采购者组织和实施绿色采购以及便利跨边界、跨部门绿色采购的专业信息交流，也是为了使公司管理人员了解绿色采购的重要性而设计的[118]。很多企业近年来推出了绿色采购举措，然而，其绿色采购技术诀窍不容易供其他有兴趣的各方企业利用，绿色举措的协调可能也正如在超国家层次上发生的国际贸易一样，无视国家边界，从某种意义上说，考虑到贸易和工业也不受国家边界限制，这种思想似乎是更有希望的。企业应积极加入国际或国内绿色采购者网络，了解有关绿色采购的知识和技巧，掌握更多的绿色供应商信息，与更多的绿色供应商进行信息交流并建立战略伙伴关系。

② 构建一个提供支持的网络化集成平台。企业在原材料的绿色采购以及绿色供应商的选择上，除了凭借采购者的经验之外，需要建立一个相关的信息系统，即网络化的集成平台，为采购者的绿色采购和供应商的选择提供支持和帮助，这是企业绿色采购成功运作的根本保证。该平台能够提供比较完整的本行业产品国际环保标准数据库，作为绿色原材料采购的基本依据；提供零部件、产成品在制造过程中，以及使用和维护过程中的有关资源、能源消耗方面的有关数据，为企业的零部件绿色采购以及外协件的绿色采购提供依据；提供本行业原材料对人体健康以及对环境影响有关的各种参数的测试数据，供企业在绿色度的选择上参考；提供不同材料零部件的回收处理方式，使企业在兼顾回收的角度考虑资源的绿色节约；提供各种工艺技术对环境的影响度和资源、能源利用率的参考数据，以便企业对合理利用绿色制造工艺的供应商做出评价。

4.3.2　绿色生产过程控制

绿色生产目前尚无被统一认同的明确的定义。一种较为普遍的观点认为绿色生产就是"清洁生产"。清洁生产是一个特定的范畴，其核心是以防止污染产生替代末端处理污染。1998 年联合国环境规划署（UNEP）将清洁生产概括为：将综合预防的环境策略持续应用于生产过程和产品中，以便减少对人类和环境的风险性。就生产过程而言，清洁生产应该节约材料和能源，淘汰有毒原料，并在全部排放物和废物离开生产过程以前，数量和毒性得到最大限度的减少。通俗地讲，清洁生产应包括三个方面的基本内容：清洁的投入（如清洁的能源、清洁的原材料）、清洁的生产过程（如清洁的工艺、清洁的技术、清洁的管理）以及清洁的产出（包括清洁的产品、清洁的排放、清洁的环境）。显然，清洁生产主要是和环境保护相联系在一起的[119-120]。

本书基于对绿色质量管理内涵的界定，认为清洁生产应是绿色生产的核心内容。但绿色生产的内涵应该与绿色质量管理的理念相吻合。为此，绿色生产可以界定为：在绿色质量管理理论指导下，在整个生产过程中（包括生产过程、服务过程）体现绿色要求的一种生产状态，其内容包括在整个生产过程中符合和体现健康安全、环境保护与资源的合理利用的要求。它是清洁生产、节约生产、安全生产的集合。

企业实施绿色生产，首先要研究绿色技术，然后进一步采取绿色治理的方法。

（1）绿色技术

绿色生产需要科学技术的支撑，这种科学技术是指能够节约资源、避免和减少环境污染的绿色技术。绿色技术是解决资源耗费和环境污染产生的主要办法，它既可以为企业带来效益和增强竞争力，又可以在不牺牲环境的前提下发展，是实施绿色生产的关键。

绿色生产技术或污染的处理技术需要的科技水平高于传统生产加工水平，一般可以国外引进或借助国内科研力量自行开发。除了少部分的大型企业能够自行开发，一般企业靠自身力量往往无法研制和开发所需的绿色生产技术和装备，而且引进的费用太高，从某种角度来说，这是多数企业不能开展绿色生产的关键所在。但借助国内的科研力量联合开发还是比较经济的。如青岛味精厂在中国发酵行业协会的帮助下与无锡轻工业大学合作，成功完成了高浓度有机废水封闭循环清洁工艺的中试，按此工艺，万吨规模的企业可增产 400~500 吨味精，复合氧肥 0.8 吨，高浓度有机废水将实现零排放。

（2）绿色治理

绿色治理采用企业自身治理和企业间联合治理并用的方法。任何绿色设计和绿色工艺都是相对的，总有一些废弃物产生，这就需要对废弃物进行绿色治理以根治污染。对于最终的废弃物，当企业根据自身的力量既不能循环利用，也不能回收处理时，即在不能达到完全清洁的情况下，企业只能采取措施使污染的程度降至最低；另一种方式就是企业间的联合治理，可以是企业间的循环利用和企业间的共同治理。企业之间应开展绿色循环利用的合作，利用对方生产过程中的废物作为自己加工的原材料或能源。丹麦卡伦堡生态工业园区就是这一新型生产方式的典范，该园区发电厂所用的燃料是炼油厂排出的废气，炼油厂和其他公司又分享发电厂排出的热水，发电厂产生的废渣又是水泥和公路材料厂的原料，排出的热水供给居民区取暖。企业之间的联合治理，适合于趋于接近的企业群，采取集中处理的方式，能够节约费用。

（3）预防和治理结合

绿色生产提倡"预防为主"的方针，首先从源头开始，力争在设计、生产过程中消化污染，最大限度地减轻末端治理的负荷，达到最佳的治理效果。不少企业不重视污染的预防，结果大量的"三废"排放需要在末端处理，在投入上不堪重负，而且末端处理的压力会很大，包括技术上的。如果采用预防和治理相结合的方法，就绿色生产本身来讲，从绿色的"源"到绿色的"汇"就比较容易实现，出现的少量的末端污染治理起来也会容易一些。

（4）不合格品的控制

一旦发现物资、零部件或产成品不能满足和不可满足绿色质量要求时，就应采取不合格品的控制和纠正措施。首先识别不合格品形成的原因，针对那些可能对人体造成危险或潜在危险的不合格品，以及在使用中可能对环境造成污染或寿命结束后，对环境可能造成污染的产品，应严格控制，加强管理，把不合格品与合格品隔离开，做出明显的识别标志，以防误用及流入流通领域；对于其他原因造成的不合格品，按企业传统的规定，由指定的人员对不合格品进行评审，以确定其能否让步接收、返修、返工、降级或报废。企业应运用各种方法如统计方法分析质量问题，确定其根本原因与一般原因，以采取各种技术与管理措施，消除这些原因，防止重复发生。

（5）数据分析

质量管理体系的运行过程中，将会获得许多数据，尤其是通过监视和测量，可以获得来自顾客、质量管理体系过程、产品质量和环境影响评价的大量数据。数据作为一种信息，是质量管理的一种基本资源。因此，应对其加以分析，并予以充分的利用。传统质量管理要确定、收集和分析顾客是否满意、产品是否符合要求、过程和产品的特性及其发展趋势、供方是否合格等；绿色质量管理在此基础上要收集、分析来自环境影响的那部分数据，在此基础上从环境的角度证实绿色质量管理体系的适宜性和有效性，并评价在何处可进行质量管理体系的持续改进。

为了保证数据分析的科学性，应积极推广应用排列图、因果图、回归分析、控制图与统计抽样等统计技术。

4.3.3　绿色包装与运输

4.3.3.1　绿色包装

传统的产品包装浪费很大，并且对环境的污染比较严重，如目前市场上的塑料袋、玻璃瓶、易拉罐等，不少包装材料是不可降解的，它们遗留在自然界中，会对环境造成严重影响。绿色包装强调商品包装能够重复使用，减少自然资源的消耗；避免过度包装或重复包装，以造成资源的浪费。产品的绿色包装是基于绿色的节约和环保思想，在材料的选择和使用上，选择可降解的、可以重复利用的，绿色包装注重减量化和回收再利用。

（1）可自然风化回归自然的材料

利用自然资源开发的天然生物包装材料，如竹子、柳条、藤条、芦苇、麻类等天然材料，在自然环境中极容易风化、分解，不污染环境，而且成本较低。各种含光降解塑料、生物降解塑料的可降解材料利用合成技术引入了易分解的基因、易断裂的化学键、易转移的原子或原子团，最终比较容易降解。

（2）可重复利用或回收的再生材料

如玻璃瓶等可多次重复再用，纸包装箱、汽油桶、油桶等钢桶也可多次重复再用。回收再生包装材料包括纸制品、玻璃材料、金属材料等，最终的回收再生就是经过分类筛选、碎解作为原材料重新加以利用。

（3）持续改进

绿色质量管理体系的持续改进较传统的持续改进的内涵扩大了，贯穿于产品、服务、过程和体系中的环境质量改进分析，以及从最终的企业效益和环境效果分析，通过质量方针、质量目标、审核结果、数据分析、纠正和预防措施以及管理评审，持续改进绿色质量管理体系的有效性。持续改进的主要措施是纠正措施和预防措施，绿色质量管理体系更强调预防的作用。

4.3.3.2 绿色集成销售运输

（1）开辟绿色运输通道

产品自离开生产企业直至进入消费领域之前的整个所有权交易及实物流通的过程是绿色质量管理强调的绿色流通过程，即考虑流通领域的环境保护问题。

企业绿色运输的主要措施有：① 合理制订配送计划，提高运输效率以降低货损量和货运量；② 合理采用不同的运输方式。不同的运输方式对环境的影响不同，尽量选择铁路、海运等环保运输方式；③ 评价运输者的环境绩效，由专业运输企业使用专门运输工具负责危险品的运输，并制订应急保护措施。

企业应开辟绿色运输通道，形成高效率、无污染、低成本的流通网络，运用市场经济的办法和科学的技术措施，协调组织商品运输，严防产品在途污染。绿色运输主要包括：通过布局合理的网点及配送中心而实现合理运输，避免货物迂回运输，减少货运总里程和车辆空驶率，进而提高运输效率；采用节能运输工具和清洁燃料，减少运输燃油污染；通过设计合理的存货策略，而适当加大商品运输批量，进而提高运输效率；等等[121]。

（2）开展绿色售后服务

绿色质量管理思想要求企业应将绿色售后服务贯穿于整个销售过程，尤其是售后服务。既要满足消费者的绿色消费需求，也要节约能源和资源，鼓励重复使用、回收利用和循环再生，减少污染和二次污染。要建立良好的销售服务网络，负责绿色产品的销售服务、咨询、维修和回收。服务网络的布点要合适，布点要有足够的服务覆盖面。

另外，要加强保管对环境的影响。企业建立保管中心，必须对商品进行养护，不能采用任何有害于环境的方法，如有的为了避免产品遭受损失，利用对环境有害的化学产品，对周边生态环境就会造成污染；对一些危险品，如易燃、易爆、化学危险品，要加严管理，避免造成由于保管不当，发生爆炸或泄漏从而对周边环境造成污染和破坏[122]。

4.3.4　绿色逆向物流资源循环系统

逆向物流资源循环是指企业承担加工过程中产生的边角余料和报废产品及副产品的回收和再循环利用，以及寿命结束后的循环利用和处置。

产品寿命结束后的资源化利用，要求生产出来的物品在完成其使用功能后能重新多加入可以利用的资源而不是不可恢复的垃圾，即通常所说的废物的综合利用。资源化有两种方式，一是原级资源化，即将废弃物资源化后形成与原来相同的新产品，比如利用废纸造出的再生纸；二是次级资源化，即将废弃物变成与原来不同类型的新产品。

4.3.4.1　绿色逆向物流内外资源循环系统

"减量化、再使用、再循环"原则中，减量化或减物质化原则属于输入端方法，旨在减少进入生产和消费流程的物质量；再使用则属于过程性方法，目的是延长产品和服务的时间；资源化或再生利用则是输出端方法，通过把废弃物再次变成资源，尽可能多地再生利用或资源化，减少最终处理量。

（1）副输出的再循环利用

副输出的企业内部资源化，是指企业内部的物质循环，例如，下游工序的废弃物返回上游工序作为原料重新利用，水在企业内的循环，以及其他产品等在企业内的循环。企业内部的物质循环实际是企业各生产流程的物流问题，即工序之间的物质输入与输出。

外循环是指企业之间的物质循环，例如，某下游企业的废弃物，返回上游企业，作为其原料重新利用；或者，某一企业的废物、余能，送往其他企业去加以利用，各企业之间在资源和能源方面形成互补的格局。各个企业把生产过程中产生的废材料，或实施再制造过程中获取的可用于再循环的材料投放原材料市场，或者社会的合作中心，可以作为其他企业的可利用资源，如与企业的生产或产品相关的行业、生产相关产品的企业或在地域上能够互相进行资源互补、合理利用的企业。企业之间的外循环，在全社会可以逐步发展形成丹麦卡伦堡式的生态工业园区。

内部的资源循环可以在任何工序过程之间的输入、输出实现循环，外部循环可以通过一个合作中心，进行相关行业、相关区域或相关产品的循环。

（2）副输出的无害化处理

对企业生产流程中产生的废弃物，不能回收以及再利用的部分应进行无害的分解、焚烧或填埋等处理。企业应采取相应的技术或措施处理最终的废弃物，若处理不当，会造成直接或间接的较严重的后果。如汞、铅、铬、砷等重金属含量过高的土壤会对周围的环境造成影响，对人们的身心健康构成极大威胁，有毒的金属离子易被农作物吸收，可能造成人们间接的食物中毒；一些含有机污染物的土壤，易挥发出有害的气体，污染空气；土壤被放射性物质污染后，能产生射线的辐射而导致产生各种疾病等。绿色质量管理强调采用无害化处理技术，使污染物在进入自然环境之前就被净化，以保证人们的身体健康和生存环境的绿色化。

4.3.4.2 资源循环利用的支撑技术

促进企业的资源循环利用，在很大程度上要依靠相关技术的开发。目前，企业环境无害化技术（Environment Sound Technology）主要是指清洁生产技术和废物资源化技术。环境无害化技术的特征是污染排放量少、合理利用资源和能源、更多地回收废物和产品，并以环境可接受的方式处置残余废弃物。环境无害化技术包括预防污染的少废或无废的工艺技术和产品技术，但同时也包括治理污染的末端技术。

（1）清洁生产技术

清洁生产是联合国规划署提出的环境保护由末端治理向全过程控制转变的全新的污染预防策略。清洁生产技术是指在清洁生产模式下的用于改进生产工艺，节约原材料和能源消耗，淘汰有毒有害原材料等技术，降低生产过程中的废弃物数量和毒性，实现污染物的零排放和制造产品的绿色化。清洁生产技术包括清洁的生产和清洁的产品两方面的内容，即不仅要实现生产过程的无污染或少污染，生产出来的产品在使用和最终报废处理过程中也不会对环境造成损害。清洁生产技术从源头上控制废物的产生，是一种积极的治理观念，绿色质量管理的过程控制应以清洁生产模式为主。

（2）废弃物再生资源综合利用技术

废弃物再生资源综合利用技术是指用来进行废弃物再生利用的技术，通过这些技术，对生产过程中产生的废弃物和产品寿命结束后的废弃物进行资源化处理，既能节约资源，又能保护环境，达到变废为宝的目的。企业中所有的废弃物都有它的有效用途，废弃物再生资源综合利用技术是实现绿色质量管理的重要技术载体之一。

（3）污染处理技术

污染处理技术指的是传统意义上的环境工程中处理废水、废气和固体废弃物的工程技术，是用来消除污染物质的技术，通过建设废弃物净化装置来实现有毒有害废弃物的净化处理，通常有物理处理、化学处理以及生物处理技术。污染处理技术仅对生产末端进行无害化处理，通过净化废弃物实现污染控制，不改变既有的生产系统或工艺程序。目前，生物处理法占据着十分重要的地位，通过生物转化，将废物中易于生物降解的有机组分转化为腐殖质肥料、沼气或其他化学转化产品，从而达到废弃物的资源化利用。它与物理法、化学法相比，具有经济、高效的优势。

4.4 基于绿色 QFD 的过程集成控制方法

质量功能展开（Quality Function Deployment，QFD）被视为获得顾客满意的最佳方法，它被许多大公司应用，并获得了成功。然而，它的不足之处却在于在整个产品开发和改进过程中，缺少用于环境影响评价的机制。

绿色设计的重点是绿色产品的概念设计。为了实现这一目标，需要建立一种新的结构化的方法，将环境因素集成到绿色产品的概念设计阶段。本书在传统质量功能展开的基础上，通过增加"绿色屋"，将环境因素集成到质量功能展开过程中，形成一种新的方法，即绿色质量功能展开（Green Quality Function Deployment，GQFD）。

Cristofari（1996）提出一种绿色 QFD 方法，将产品全生命周期评价（LCA）与 QFD 结合，用于绿色产品的概念设计，称为第一代绿色 QFD。然而，企业在整个生产过程中，更多考虑的是成本费用问题，即生命周期费用（Life Cycle Cost，LCC）。1999 年，Zhang 等在此基础上引入生命周期成本分析（LCC），称为第二代绿色 QFD（GQFD-Ⅱ）。GQFD-Ⅱ完成了生命周期成本分析与质量功能展开矩阵的整合，考虑了产品整个设计开发过程中的顾客、成本、环境需求[116-117]。尽管在 2001 年和 2002 年，Mehta、Wang 以及 Dong 等又分别提出了第三代和第四代的绿色 QFD，但它们都是在第二代绿色 QFD 机理下的方法的改进。

绿色质量管理强调产品生命周期各阶段的环境影响评价和生命周期的成本费用分析，即实施绿色设计和绿色制造的关键是要对不同设计方案的环境影响进行综合分析和评价。产品全生命周期评价（LCA）技术以及生命周期成本分析（LCC）正在成为绿色设计和绿色制造实施的重要工具。

因此，绿色 QFD-Ⅱ（以下简称绿色 QFD）是绿色质量管理的绿色设计与制造。

4.4.1 QFD、LCA、LCC 的研究内容

（1）QFD 的研究内容

19 世纪 70 年代，Sullivan 在日本首次提出质量功能展开（Quality Function Deployment，QFD）的概念：一种综合方法，它能将客户需求转化为产品开发和生产中的各阶段所需要的技能需求。质量展开是把顾客的需求展开到设计过程中去，保证产品的设计、生产与顾客需求相一致；功能展开是通过建立多学科小组，把不同的功能部门结合到生产的各个阶段，促进小组成员的有效交流和决策。综合的 QFD 模型具体包括质量展开、技术展开、成本展开和可靠性展开。

美国供应商协会（American Supplier Institute，ASI）提出的四阶段模型，简称 ASI 模型。该模型首先由 L. P. Sullivan 提出，后经 J. R. Hause 和 Don Clausing 加以改进。ASI 模型的四个阶段与产品开发全过程的产品计划、产品设计、工艺计划和生产计划相对应。通过这四个阶段，顾客需求被逐步展开为设计要求、零件特性、工艺特性和生产要求。该模型的最大优点是有助于人们对 QFD 本质的理解，有助于理解上游的决策是如何影响下游的活动和资源配置的。由于其结构简明，抓住了 QFD 的实质，因而迅速成为欧美企业实践的主流模型，在理论研究上，许多学者也立足于该模型。

QFD 的基本原理是收集整理所有相关的顾客信息并使用它们，驱动产品设计，集成几种理论、工具于 QFD 中，有助于产品设计、制造全过程中的信息展开为相应的组织功能。QFD 的主要功能是识别重要的问题、联结重要度和目标值。

（2）LCA 的研究内容

产品全生命周期是指产品从原材料获取、产品设计、加工制造、包装运输、流通销售、使用维护一直到报废、回收处理、处置的整个过程。在整个过程中，产品系统从外界得到原材料、能源等，输出产品和副产品，同时产生固体、液体和气体排放。总之，产品的整个生命周期就是一个产品系统和周围环境不断交互的过程。

根据 ISO 的定义，产品全生命周期评价是对某一产品系统全生命周期的输入、输出及其潜在环境影响进行评价的过程。其中，产品系统是指由特定功能的单元过程按照材料流和能量流联系起来的过程集合。图 4-4 为一个产品系统示例。如图 4-4 所示，产品系统包括单元过程、通过系统边界（无论是输入

或输出）的基本流和产品流以及系统内部的中间流。也就是说，此处的产品系统就是描述产品整个生命周期的各过程[119]。

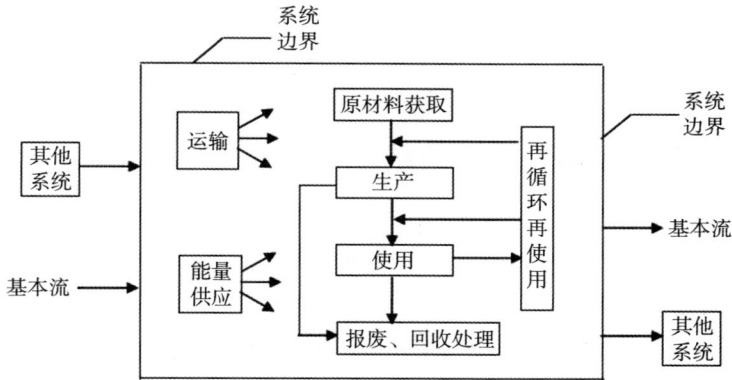

图 4-4　全生命周期中产品系统的概念
Fig. 4-4　Product system concept of total life cycle

（3）LCC 的研究内容

全生命周期成本（Life Cycle Cost，LCC）是指产品从开始酝酿，经过论证、研究、设计、发展、生产、使用一直到最后报废的整个生命周期内所耗费的研究、设计与发展费用，生产费用，使用和保障费用及最后废弃费用的总和。LCC 的概念最早由美国国防部（Department of Defense，DoD）提出并使用，在一个典型的武器系统中，运行和维护的成本占总成本的 75%[120]。

事实上，任何产品或原材料的真实成本要远远超过它的购买价格，其成本应该包括获取、使用到处理所有过程的大量费用，即它的成本包括存储、运输、设备、能源、劳动力、培训、最终收存等。所以产品的生命周期费用就应该是企业承担的从采购开始到产品废物处理的所有时间内的费用。

从全生命周期的角度探讨成本的组成，一般包括设计成本、制造成本、销售成本、维修成本、使用成本和回收报废成本。

设计成本包括可行性研究、市场调查、图纸设计、产品试验、修改设计、准备技术说明书等所花费的费用。

制造成本包括材料、加工工时、劳动工时、半成品运输、存放以及装配、调试、检验、废品、修复等各种费用。

销售成本包括产品包装、运输、储存以及广告等费用。

维修成本是指在使用期限内，为维护设备进行修理或更换零件所需花费的费用。如果所设计的机器设备是自己使用，或在给使用一方的合同中有提供维修的保证，则它是机器设备总成本的一部分；如果合同中不承担维修任务，则是使用消耗费用的一部分。

使用成本是指用户使用机器设备期间，需要支付的人力消耗、动力消耗以及维修保养等的费用。

回收报废成本是指产品报废处理和再生的费用。其中，使用不同的回收和报废方法会对环境产生不同的影响。

4.4.2 基于绿色 QFD 方法的绿色设计

绿色设计的重点是绿色产品的概念设计，为了实现这一目标，需要将环境因素的影响分析、生命周期成本分析集成到绿色产品的概念设计中去。本书在传统质量功能展开的基础上，通过增加"绿色屋""成本屋"将环境因素集成到 QFD 过程中，形成一种新的集成方法，即绿色质量功能展开。绿色 QFD 的实施流程经过三个阶段，如图 4-5 所示。

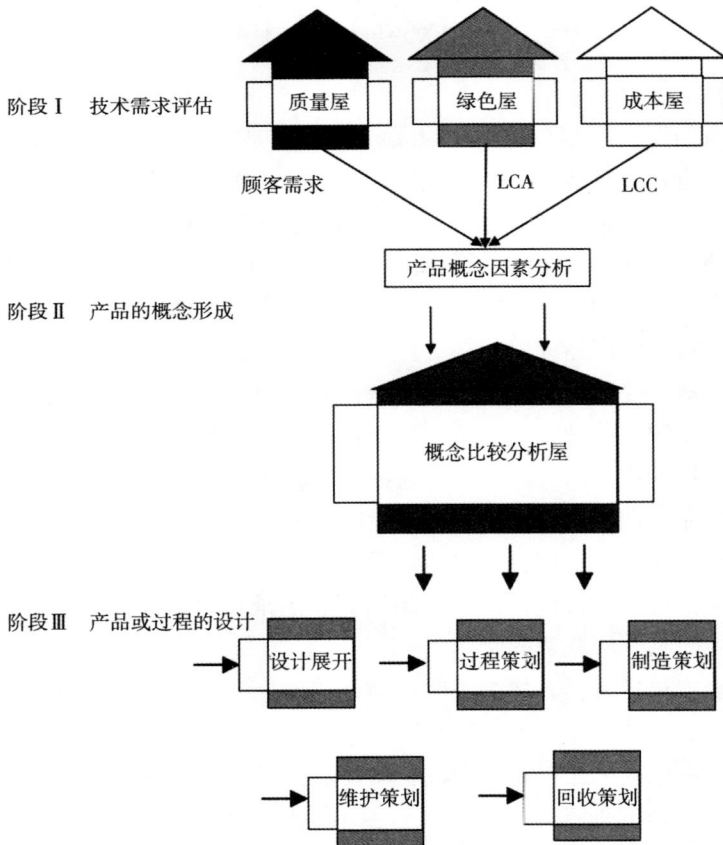

图 4-5 绿色质量功能展开流程图

Fig. 4-5 Flow chart of GQFD

　　绿色 QFD 的三个阶段代表绿色质量功能展开方法的实施过程，与传统的过程阶段是一致的，但每个阶段的内容与原来的都不同。

　　第一个阶段由三个屋构成：质量屋的文件描述来自顾客的需求；绿色屋的文件描述来自 LCA 的需求；成本屋的文件描述来自 LCC 的需求。第二个阶段是产品的概念形成阶段，满足第一个阶段的需求将会形成一系列的可供选择的产品概念，通过概念比较分析屋的质量、环境、成本的比较分析，这些概念将被一一评价，最佳的产品概念将被选出。接下来的产品开发活动所需要的技术需求将被识别，并进入第三个阶段，即产品或过程的设计阶段，在这个阶段，将第二阶段的需求作为输入，建立一系列的比较矩阵，这些需求将在产品或过程的各个阶段被展开，这些矩阵包括设计展开、过程策划、生产策划、维护策划以及回收策划，每一个矩阵的实施方法与 QFD 是一致的。

　　（1）阶段 I　技术需求评估

　　这个阶段的目标是识别、评估公司产品的质量、环境、成本的技术要求。如图 4-6 所示，质量屋（QH）的建立同传统的质量计划矩阵是一致的，企业掌握了顾客对产品质量性能方面的要求以后，建立质量屋，实施质量功能配置可以实现质量功能的转换。

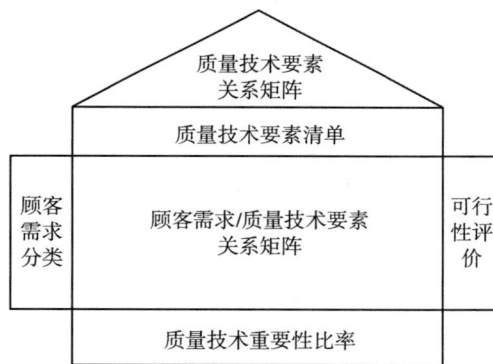

图 4-6　质量屋
Fig. 4-6　Quality House

　　① 顾客需求是一个若干行一列的列阵，此列阵所反映的内容是市场顾客对产品的各种需求，这些市场顾客需求将按过程驱动产品的 QFD 过程展开，就顾客的要求亦有主次、轻重之分，QFD 方法中对此的处理是对市场顾客的各项需求给以权重因子，以便进行排序，这步工作是 QFD 实施成功的关键。

　　② 质量技术要素清单是一个一行若干列的行阵，用来描述对应市场顾客需求的质量特征要求，即有什么样的市场顾客需求，就应有什么样的质量特征要求来对应保证。

③质量技术要素特征间的相互关系被称为质量屋的屋顶，在数学上是一个三角形矩阵，它表示的是质量特征之间的相关关系。

④市场顾客需求与质量技术要素的相互关系是一个关系矩阵，该矩阵的行数与市场顾客需求矩阵的行数相同，列数与质量技术要素矩阵的列数相同，表示各个质量要素特征项与各个市场顾客需求项的相互关系。各个项之间的错综复杂关系可以定量地给以分值来表示。

⑤可行性评价是一个产品可行性评价矩阵，又称为市场评估知阵，用以判断产品的市场竞争力。

⑥质量技术重要性比率是针对市场需求与要素的关系矩阵的计算，得出质量技术要素的重要性比重顺序。

绿色屋和成本屋也将按照同样的方法展开，如图 4-7 的绿色屋和图 4-8 的成本屋所示。

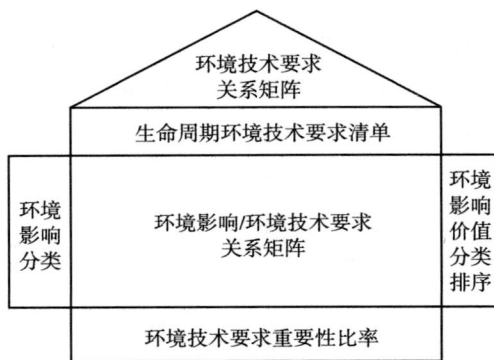

图 4-7 绿色屋

Fig. 4-7 Green House

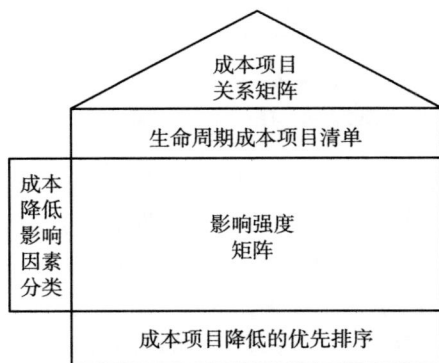

图 4-8 成本屋

Fig. 4-8 Cost House

生命周期阶段的环境技术要素清单主要是针对输入输出的能源、资源以及空气、水、土壤的排放，建立的各种环境技术要求，通过对环境影响分类指标与环境技术要求的关系矩阵的比较，说明每种环境影响要素所需的环境技术要求，根据重要度的不同，通过所有的比较，进一步说明环境技术重要性的比率以及环境影响的价值的分类和重要度排序。

生命周期成本项目清单列出产品生命周期各阶段的成本项目，可能会产生成本降低的成本项目分类，包括传统的成本项目以及资源节约、回收、循环利用所涉及的成本项目，通过影响强度的矩阵比较，成本降低项目的优先顺序可以计算出来。设计人员可以针对计算结果，对影响大的采取对策，能够对成本的降低起到关键的作用。

（2）阶段Ⅱ　产品的概念形成

这个阶段的目标就是要从供选的各个产品概念中选出最佳的一个，以满足第一阶段质量、环境、成本的需求。被选的概念要在图 4-9 的比较矩阵中被评价选出。质量屋除了必要的要求外，还要涉及质量功能和制造能力。在三角矩阵里要建立三个方面，即质量、环境、成本的关系比较，满意度比较矩阵是针对各个产品概念与所需三个方面的要求建立的比较矩阵，最后通过比较得出三方面技术要求的指标权重以及概念的满意度之间的排序，进一步得出最佳满意度效果的产品概念，针对此概念，可以得到生命周期的成本。

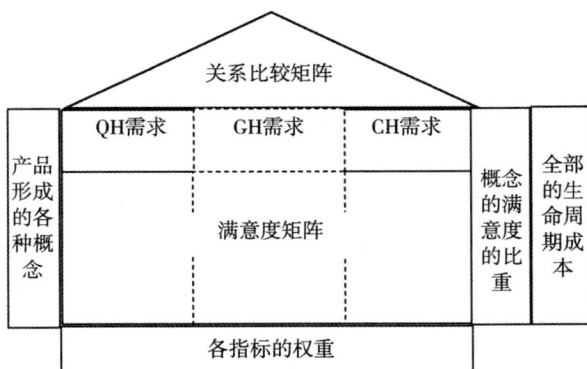

图 4-9　概念比较屋

Fig. 4-9　Concept Comparison House（CCH）

（3）阶段Ⅲ　产品或过程的设计

这个阶段的方法与传统的 QFD 是相似的。除了输入的一些要求来自绿色QFD 的第二阶段，设计展开矩阵、过程策划矩阵和生产策划矩阵与传统的QFD 方法的最后阶段是一致的。由于生命周期的每一个阶段都要涉及成本的问题以及环境影响问题，因此，在第三个阶段，还应包括维护的策划和回收过程的策划。

4.4.3 基于绿色 QFD 与 SPC 的绿色过程集成控制

绿色质量管理首先要求设计尽量满足市场顾客的需求，增强产品的竞争力，其次要在制造过程中，严格控制制造质量，以实现产品的最终质量。绿色 QFD 与过程控制的集成将会提高制造质量，进而提高整个产品的质量。设计与制造这两个环节相互制约、并行进行。设计为制造提供支持条件，制造反馈给设计各种监督和反馈信息，这是二者集成的核心内容，因此，设计与制造质量的集成主要是进行绿色 QFD 与 SPC（统计过程控制，Statistical Process Control）的集成。

（1）绿色 QFD 与 SPC 的集成关系

绿色 QFD 根据顾客需求确定产品的关键质量时，不仅要从产品设计和工程设计的角度去考虑问题，还必须考虑到制造过程能否实现设计要求这一问题，也就是前面所说的制造能力，同时还应包括控制能力。因为从产品设计和工程设计的角度来进行 QFD 配置时，是以制造过程的正常和稳定为前提的，同时从顾客需求、环境、成本角度对 QFD 进行配置，也必须兼顾制造过程能否实现的问题。因此在制造过程中也要考虑绿色 QFD 的配置问题。

在最佳新概念已经确定的情况下，可以回到传统 QFD 的展开过程中，其中和制造有直接联系的有工艺计划和生产计划控制参数矩阵。通过这两个矩阵的分解，就可以确定出关键工艺、关键清洁工艺与关键生产操作控制参数，在制造过程中，必须以 QFD 中的工艺计划和生产计划控制参数矩阵的配置结果为基础，保证生产过程的正常稳定运行。

绿色 QFD 与 SPC 的集成过程如图 4-10 所示，将各种关键工艺、关键清洁工艺以及各种过程参数传输给过程控制工具，生产过程中随时监控，或收集数据之后，建立各种直方图、排列图等，对这些数据进行分析、处理，反映生产过程的稳定性以及通过计算过程能力和设备能力反映生产过程的保证能力，进一步将结果反馈给输入，进行比较和分析。

（2）绿色 QFD 与 SPC 以及资源循环系统的集成关系

市场环境是瞬息变化的，绿色需求是不断变化的，绿色浪潮推动企业实施绿色质量管理，强调生产过程中的资源循环和产品消费之后的废物处理。质量状况随着时间的推移不断变化，因此在制造过程中，为了满足 QFD 提出的质量要求，SPC 就必须不断地对工序或质量控制参数进行优化控制和调整。另外，资源的循环和废物处理过程伴随着集成过程并行。因此，企业应建立动态的过程的集成设计、制造控制和资源循环的集成化控制。

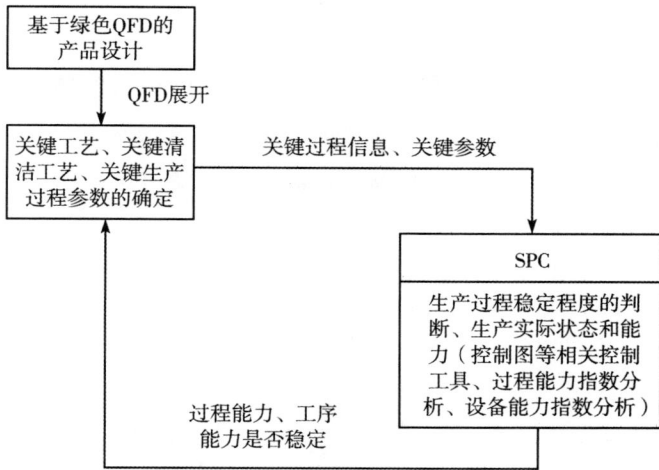

图 4-10　绿色 QFD 与 SPC 的集成过程

Fig. 4-10　Integrated process of GQFD and SPC

① 建立顾客信息、满意度反馈环。收集顾客需求信息，顾客信息流的传递是一个循环过程，产品在此过程中既是需求信息的实现，也是需求信息的载体，如图 4-11 所示。顾客信息的实现和传递过程，就是产品从无到有、从生产厂家到消费者的过程。在已有信息产品化的过程中，又会有新的信息出现；

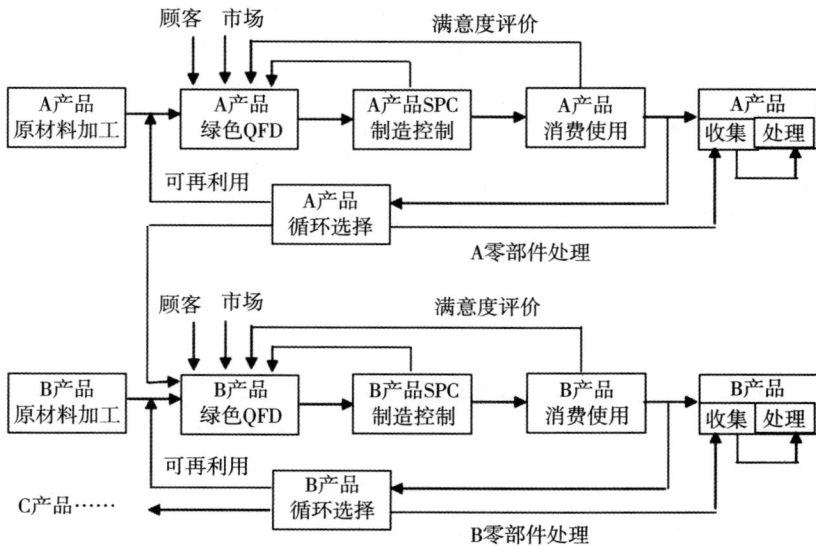

图 4-11　绿色 QFD、SPC 和循环过程集成控制

Fig. 4-11　Integrated control of GQFD and SPC and recycling

同时，将顾客对产品使用的满意度调查反馈信息，再次输入绿色 QFD，进入循环系统。

　　② 资源循环系统与设计制造的集成。绿色质量管理强调资源循环利用，虽然在绿色 QFD 阶段已经考虑了环境的影响，但在实施过程中，如同制造控制一样，资源的使用和循环过程也需要控制，并能够与目标达成一致。如图 4-11 所示，从原材料获取加工开始，进入绿色 QFD、制造过程、消费使用、生命结束后的处理和再循环过程，资源伴随所有过程，从一种状态进入另外一种状态。图 4-11 表示产品 A 加工过程中的资源循环过程，资源流可以进入 B 产品的循环过程，也可以进入产品 C 或其他的循环过程。

　　产品使用后，一部分进入循环，一部分直接作为废弃物将被处理掉；进入循环选择的过程，仍然通过处理技术，一部分可以循环利用，另一部分作为废弃物被处理掉。资源的循环利用以及治理，强调绿色治理和企业的循环支撑技术。

　　绿色治理采用企业自身治理和企业间联合治理并用的方法。任何绿色设计和绿色工艺都是相对的，总有一些废弃物产生，这就需要对废弃物进行绿色治理以根治污染。传统意义上的处理废水、废气和固体废弃物的工程技术，通过建设废弃物净化装置来实现有毒有害废弃物的净化处理，而目前的生物处理法，通过生物转化，将废物中易于生物降解的有机组分转化为腐殖质肥料、沼气或其他化学转化产品，从而达到废弃物的资源化利用。对于最终的废弃物，当企业根据自身的力量既不能循环利用，也不能回收处理时，即在不能达到完全清洁的情况下，企业只能采取措施使污染的程度降至最低。另一种方式就是企业间的联合治理，可以是企业间的循环利用和企业间的共同治理。企业之间开展绿色循环利用的合作，利用对方生产过程中的废物作为自己加工的原材料或能源。丹麦卡伦堡生态工业园区就是这一新型生产方式的典范。企业之间的联合治理，适合于趋于接近的企业群，采取集中处理的方式，节约费用[123-124]。

　　资源循环利用的支撑技术可以促进企业的资源循环利用，目前，企业环境无害化技术（Environment Sound Technology）主要是指清洁生产技术和废物资源化技术。环境无害化技术的特征是污染排放量少、合理利用资源和能源、更多地回收废物和产品，并以环境可接受的方式处置残余废弃物。环境无害化技术包括预防污染的少废或无废的工艺技术和产品技术，同时也包括治理污染的末端技术。废弃物再生资源综合利用技术是用来进行废弃物再生利用的，通过这些技术，对生产过程中产生的废弃物和产品寿命结束后的废弃物进行资源化处理，既能节约资源，又能保护环境，达到变废为宝的目的。

4.5 本章小结

本章对绿色质量管理的集成管理与控制进行了研究。

（1）探讨了绿色质量集成管理系统，说明了绿色质量集成管理的原理，构建了绿色质量集成管理与控制的模式。

（2）针对形成绿色质量集成管理的管理系统进行了探讨，指出决策层、管理层、实施层和执行层的职能和在系统中的作用。

（3）构建了绿色质量信息管理系统，分析了绿色质量信息系统的层次结构、集成模式以及与其他管理软件的关系。

（4）分析了绿色质量管理物流循环系统，从绿色设计、绿色制造、消费服务到循环处置整个产品生命周期进行了分析。

第5章　绿色质量管理体系的有效性评价

本书采用定性与定量相结合的评价方法，首先通过管理评审的定性评价，对绿色质量管理体系的有效性做出评价，ANP 评价法是在管理评审定性评价的基础上，对因素定量化进一步做出评价判断。这种定性与定量相结合的方法，更能反映出企业质量评价体系运行的有效程度，对于体系的持续改进提供更加有力的依据，不断促进质量体系的有效改进。

5.1　绿色质量管理体系的有效性及管理评审

企业最高管理者必须通过管理评审的定期运作，以审视质量管理系统是否有效。最高管理者或职业经理人通过全面检查和评价企业质量方针、目标及质量体系的适宜性和有效性，找出质量体系运行中需提高和改进的方面与环节，制订切实可行的纠正措施并严格执行，从而不断提高企业的质量保证能力和市场竞争能力。

5.1.1　质量管理体系的有效性

（1）质量管理体系有效性的含义

质量管理体系有效性的含义于 ISO9000：2000 版标准有明确的定义。有效性是指完成策划的活动和达到策划结果的程度。

根据有效性的定义可知，在某项活动伊始要先进行策划，这些策划活动包括先行的研究、设想、规划和安排。策划要有一个总体的质量目标，围绕质量目标提出实现目标的要求和具体的实施措施，以及目标是否能够达到，能够达到的程度如何，是否取得效果，是否具有有效性。一个有效的质量管理体系应以产品和服务质量的符合性、适宜性和充分性作为其基本目标。

（2）有效性的特点

质量管理体系有效性的特点包含符合性、适宜性和充分性。

符合性是质量管理体系有效性的前提和基础。它包括两层含义，一是产品质量的符合性，二是质量管理体系的符合性。前者是组织提供的产品或服务符合企业标准、行业标准、国家标准和国际标准以及顾客的需要。后者是指组织所建立的质量管理体系符合 ISO9000 标准的要求，包括质量手册、程序文件、作业文件、质量记录符合规定的要求，最重要的是是否在按文件规定严格执行。

适宜性是质量管理体系的一种动态性。适宜性体现在质量管理体系文件能结合组织产品的特点，针对有关标准的控制要求规定适宜的具有可操作性的控制措施；其质量方针、质量目标与产品实物质量有关，应适宜、可度量并能实现。随着环境的不断变化，企业应能够适宜地调整其质量目标和质量方针，以适应企业的不断发展。

充分性是质量管理体系运行的能力。充分性关注是否能够识别质量管理的所有过程以及关键过程；关注员工的职责以及其资格条件是否满足职责的要求；关注过程控制方法、规章制度是否全面实施，并对结果进行评价；关注纠正和预防措施是否得到全面的实施，并对结果进行评价；关注组织内部质量管理体系审核和管理评审的范围、深度和频次；等等。

绿色质量管理体系的符合性、适宜性、充分性除了符合上述要求之外，还应符合环境绿色化的要求，可以以 ISO14000 为基本标准，企业可以在此基础上结合自身特点设立自身的衡量准则。

企业必须通过管理评审的定期运作，以审视质量管理体系是否适宜有效。管理评审是职业经理人的职责之一，应按计划的时间间隔进行，并亲自主持。

5.1.2　绿色质量管理体系的管理评审过程

管理评审是在最高管理者的主持之下，就质量方针和目标，对质量体系的现状和适应性进行的正式评价。管理评审的依据往往来自内部、外部的审核报告或客户的投诉意见，一般由最高管理者定期召集相应的职能部门，对审核报告和客户投诉进行深入的讨论和分析，对质量体系的运行状况和适应性做出重大评价，确定其是否满足质量方针和目标的需要。在此基础上，形成有针对性的纠正或预防措施。管理评审的过程包括管理评审的输入和管理评审的输出。

（1）管理评审的输入

管理评审的输入包括：① 审核的结果，可以是第一方审核、第二方审核、第三方审核以及自我评定等；② 顾客反馈，包括顾客的满意度和不满意度的测量结果及顾客投诉等；③ 过程的业绩，即一个过程通过资源的投入和活动的开展将输入转化为输出并实现价值增值，从而达到预期结果的程度情况，包括材料的回收利用率、污染物的排放量等指标，如果某一质量管理体系的绿色过程完全实现了价值的增值并达到了预期的环保结果，这一过程的业绩就是令人满意的；④ 产品符合性；⑤ 纠正和预防措施的现状及改进的机会；⑥ 以往管理评审所确定的措施的实施情况；⑦ 可能影响质量管理体系的各种变更，主要包括外界环境的变化，如出现了新技术、质量概念、相关法律法规的变化，也包括自身的变化，如体系的重大变更、组织机构调整等。

以上各种输入应从当前的业绩上考虑，找出与预期目标的差距，同时应考虑各种可能的改进机会。除以上必须输入的项目外，组织也可对其在市场中所处的地位及对其竞争对手的业绩的评价中找到自身的改进方向。

（2）管理评审的输出

管理评审的输出包括：① 质量管理体系及其过程的改进措施。对以上评审输入中的业绩状况的分析，必将导致组织对现有的质量管理体系及现有的过程提出改进的要求，包括顾客要求的识别、产品的设计、制造、测量、防护、交付后的改进，组织应提出改进的措施；② 与顾客要求有关的产品的改进措施，包括产品实现的质量、产品的质量特性、新产品及时投放市场的能力等方面的改进；③ 资源需求的措施，组织应针对内外环境的变化考虑自身资源的适宜性，不但考虑当前的资源需求，还要考虑未来的资源需求。

（3）纠正措施和预防措施

实施质量管理体系的调整和改进过程在管理评审基础上形成的纠正和预防措施将是企业改进质量、不断满足客户需求所要采取的具体行动。纠正和预防措施的制订，一方面显示了企业的决心，另一方面又确定了质量体系调整的方向和质量改进的目标。纠正和预防措施是指对存在的或潜在的不合格原因进行调查分析、采取措施以防止问题再发生的全部活动。纠正和预防措施的制订，不仅仅是就事论事地对不合格产品的处理，而是要从根本上消除产生不合格的原因，因此往往涉及影响产品质量和质量体系运行的各个方面。没有纠正和预防措施，质量体系就不可能正常运行并体现出有效性。此外，纠正和预防措施体现了企业最高管理者的决心。任何一项重大措施的制订和实施，必然要涉及资源的重新组合或配置，即人力、物力的投入。投入多少应与问题的大小、风险程度的高低相适应。一般以最佳成本投入获得规定的产品特性和质量体系所要求的有效性为原则。

管理评审是企业的一项高层次的管理活动，反映了管理者的意志、愿望和价值取向。通过管理评审，企业显然是在向客户提供一种信任，即企业正在按照向客户展示的质量保证模式（标准）有效运行，同时应注重纠正和预防任何偏离客户要求的不满足项。通过管理评审形成的一致意见，正是推动企业质量体系改进的原动力。

5.1.3　绿色质量管理体系的管理评审的改进

管理评审过程、方法无定式，但较多的是采用下述一种或多种方法进行：表格评审法、会议评审法、项目评审法、问题评审法和比率评审法。这些方法均属于思辨性定性分析。绿色质量管理下，管理评审涉及企业的绿色质量方针、绿色质量目标、绿色质量体系、组织机构、人才资源、市场及客户等以及通过它们关联到企业的诸多方面的因素，绿色化理念更多体现的是定性的内容，因此，无论企业管理者何等英明，何等卓越，与会人员何等充分论证，都难以消除人为因素的影响。这个问题只有当定性因素量化后，方可逐步得到解决。为此，可以将输入因素进行定期检查或阶段检查，给出相应的结果评语，进一步模型化来进行评定。

（1）输入信息阶段化、定量化

管理评审中各种输入信息至少包含日常性检查和阶段性报告两部分，将上述输入信息中的定性因素定量化、规范化，借助数学模型，进行综合分析后，输出结论，作为管理评审的结论。

这是因为，质量方针、目标与质量体系的适宜性、有效性随时体现在日常生产经营的质量活动中，日常的检查和评判更能真实反映它们之间的一致性、有效性的程度。对于阶段性报告，通过一段时间的总结，可以从宏观上把握它们之间的符合程度以及发展势趋，便于在管理评审中做出预见性结论。

（2）绿色质量管理体系模型化评价

模型化管理评审的方法为：在管理评审时，日常坚持对管理评审所需的输入信息，结合输出结论（评语或等级）进行模型的量化；阶段性报告中，对输入信息同样量化，与会人员及专家确定输入信息中各类信息的权重，以及日常性检查与阶段性报告的权重，再确定输出结论的评语和等级；将以上数据纳入数学模型进行运算，得出输出结论；最后提出改进措施。

在对绿色质量管理体系评价的定量评价模型的选择上，应更多地采用模糊层次评价，其主要原因是，质量体系的很多指标都是定性的指标，无法测量，如质量的满意度，更多的是一种感觉，需要专家对其进行模糊评价。本书采用的方法是网络分析方法，它是对模糊评价方法的进一步改进。

5.2 绿色质量管理体系评价的指标体系结构

5.2.1 绿色质量管理指标体系制订原则

（1）科学性

评价指标作为反映客观的工具，要遵循"实事求是"的思想原则，使评价指标的定量描述以定性认识为前提，并正确分析评价客体的数量特征，正确反映绿色质量体系的内涵。指标体系要能科学地评价质量体系有效性的成果，以及质量目标实现的程度。

（2）系统性

为了能够对绿色质量体系进行综合评价，指标体系的设置必须做到层次结构要合理，并能够协调统一。为了能更真实地反映质量体系的效果，质量体系的指标要尽量与管理评审的输入要求、输入层次相一致，做到各指标、各层次之间的关系具有合理的逻辑结构关系，每一级的分目标要协调于上一级的总目标。

（3）目标一致性

管理评审定性与定量相结合，通过管理评审的定性评价以及进一步做出的定量模糊评价，其评价的目标应该是一致的，即评价绿色质量体系的有效性。定量评价不能脱离管理评审的定性评价的前提，它可以在定性基础上进一步弥补定性评价的不足，以实现对绿色质量体系有效性的更真实的评价，在此基础上采取措施，达到体系持续改进的目的。

（4）动态性原则

企业的质量活动处于一种动态的发展变化之中，绿色质量体系的各种指标的标准、要求也是动态的，一定时期内指标及其标准保持相对不变，随着企业内外环境的变化，指标的选择、指标的权重和体系的设计结构必须适应环境的变化而调整。只有这样，体系的评价才能真实地反映体系的有效性以及为质量管理的持续发展提供客观真实的依据。

（5）易操作性

所谓易操作性，就是指标的易理解性和有关数据的可采集性和可量化的特点。所设计的指标能够在实践中较为准确、有效地测度、计量。要求设计的评价指标，既要遵从研究的目的和需要，也要照顾到客观条件的可能性、可实现性。

5.2.2 指标体系结构设计和指标体系的含义

绿色质量管理体系是一个多目标、多层次的系统。它是从多个目标、多个层次反映体系的运行过程和运行效果的，如管理过程、支持过程（资源管理）、绿色产品实现过程、污染预防与治理、能源与资源利用、减废有效性 6 个过程目标的有效性共同反映绿色质量管理体系总目标的有效性。

5.2.2.1 指标体系结构设计

综合评价指标体系是对绿色质量管理体系进行综合评价的依据和基础，是综合反映被评价质量体系属性的指标按隶属关系和层次结构有效组织的集合。

本书指标体系的设计很大程度上来源于真实的企业，部分指标结合相关的文献材料[125-128]，依据质量体系的目标以及建立评价指标体系的原则，在对绿色质量体系有效性分析的基础上，通过综合、归纳、整理国内外的相关资料，设定绿色质量管理体系有效性的评价指标结构，如图 5-1 所示。

需要指出的是，图 5-1 中的指标在多数企业较为适用，实际上，根据理想模式，管理过程还应包括环境投资、管理层的参与、绿色规划，支持过程还应包括绿色技术采用比例、环境的宜人性等，产品实现过程还应考虑费用的控制以及风险费用等。考虑到有些指标难于考核、有些指标企业很难做到，所以，结合理想模式和企业目前绿色质量管理的实施情况，设置如下主要指标体系。

5.2.2.2 指标体系的含义

评价指标体系采用了模块化结构，以便根据情况选取不同的评价子模块，在子模块中选择和添加评价指标，最后显示每个模块的绩效评价结果，使得评价指标体系更能满足企业的不同要求和外界环境的变化。

（1）产品实现过程（物流过程）

对于产品实现过程的指标建立，不同企业会有所不同，如有的企业包括顾客的投诉率、产品设计目标达成率、产品开发计划进度完成率等，本书取不同企业共同拥有的并能够反映产品实现过程的指标，以及为避免指标过多，将部分次要的指标去掉或合并。如可以将顾客的投诉率直接用顾客反馈质量信息处理率取缔，建立如下的产品过程指标：

$$绿色设计和开发评审率 = \frac{绿色设计和开发评审数}{设计开发中需进行的评审数} \times 100\%$$

$$库存周转率 = \frac{年销售额}{年平均库存值} \times 100\%$$

$$顾客反馈质量信息处理率 = \frac{对顾客反馈质量信息的处理数}{顾客反馈质量信息的总数} \times 100\%$$

			产品废品率A1
			产品超差率A2
	产品实现过程A		绿色设计和开发评审率A3
			库存周转率A4
			顾客反馈质量信息处理率A5
			外部顾客满意度得分B1
			绿色质量目标实现率B2
	管理过程B		纠正措施有效性B3
			预防措施有效性B4
绿色质量管理体系指标体系			持续改进项目完成率B5
			员工培训有效性完成率C1
	支持过程C		设备维护保养计划完成率C2
			在用计量器具受检率C3
			年大修理计划完成率C4
			低污染低能耗设备的比例D1
			低污染材料的使用比例D2
	污染预防与治理D		材料的再循环利用率D3
			水资源的再循环利用率D4
			"三废"治理有效性D5
			能源利用率E1
	能源与资源利用E		原材料利用率E2
			单位产品包装材料使用量E3
			资源回收再利用率E4

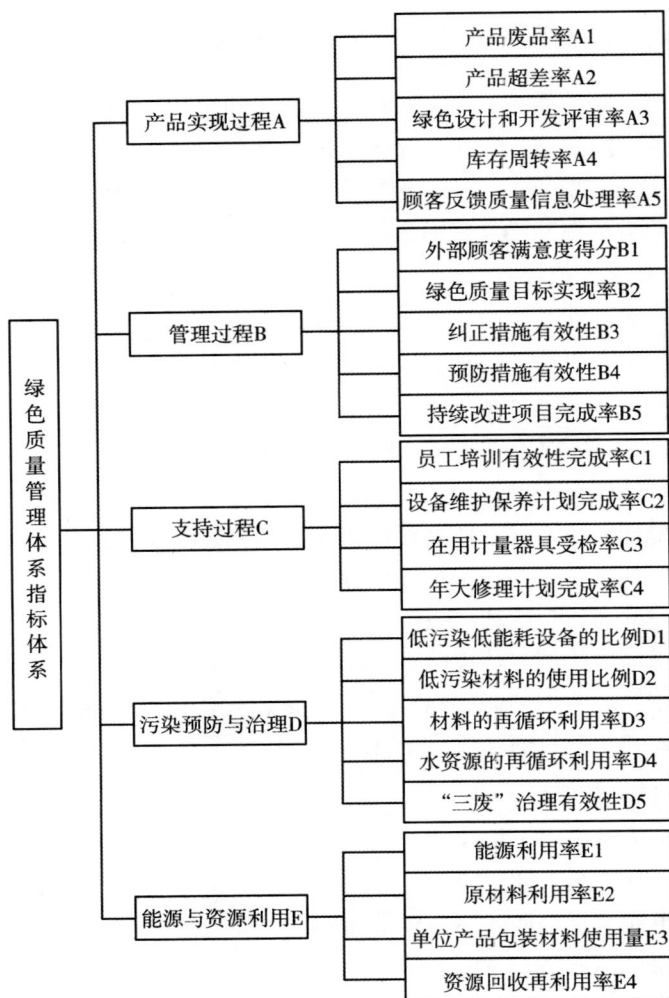

图 5-1　绿色质量管理体系指标体系

Fig. 5-1　Green quality management system struture

$$产品废品率 = \frac{产品废品数}{产品总数} \times 100\%$$

$$产品超差率 = \frac{产品超差数}{产品总数} \times 100\%$$

（2）管理过程

$$绿色质量目标实现率 = \frac{绿色质量目标实现数}{绿色质量目标总数} \times 100\%$$

$$纠正措施有效性（率）=\frac{实际完成的不符合项纠正措施}{应完成的不符合项纠正措施}\times100\%$$

$$预防措施有效性（率）=\frac{实际完成的预防措施}{应完成的不符合项预防措施}\times100\%$$

$$持续改进项目完成率=\frac{实际完成持续改进项目数}{计划持续改进项目数}\times100\%$$

外部顾客满意度得分：按顾客满意度评分标准计算。

（3）支持过程

$$员工培训有效性完成率=\frac{实际完成的培训效果评价}{应完成的培训效果评价}\times100\%$$

$$设备维护保养计划完成率=\frac{设备维护保养完成数}{设备维护保养计划数}\times100\%$$

$$在用计量器具受检率=\frac{实际检定的计量器具的数量}{计划检定的计量器具的数量}\times100\%$$

$$年大修理计划完成率=\frac{年实际大修设备台数}{年计划设备台数}\times100\%$$

这部分指标企业的差异也较大，有的企业将员工满意度调查表回收率、外部顾客满意度调查表回收率都放在此过程里，事实上，更多的企业是为了做得更细，但这部分指标对于体系的评价显然意义不十分重要；有的企业除了设备维护保养计划完成率，还包括工装的维护保养计划完成率，显然，工装在企业的分类也不同，事实上可以合并到设备和计量器具中。

（4）污染预防与治理

污染预防是指采用防止、减少或控制污染的各种过程、材料或产品，可包括再循环、处理、过程更改、控制机制、资源的有效利用和材料替代等。污染预防是建立和保持环境管理体系的主导思想。主要指标包括：低污染低能耗设备的比例，低污染材料的使用比例，材料的再循环利用率，水资源的再循环利用率，用于工艺过程改革的资金，用于末端治理的资金，研发环境改善技术经费。

治理有效性方面主要是依据环境法规，确定各种环境污染排放因子的总量和浓度是否在降低，环境因子的排放浓度是否达标，各种固废总量是否在减少，有毒有害材料的总量是否在减少等。包括：废气排放，如每单位产品的某种废气的排放量；废水排放，如每年排放的特定物质、每单位产品排放到水中的特定物质的量、排放合格率、释放到水中的废能量、每单位服务所产生的废水量或顾客所产生的废水量等；固体废弃物，包括每年或每单位产品产生的固废量、每年产生的有害固废量、每年产生的可回收再利用的固废量、每单位产品送到垃圾处理厂的废弃物、贮存于现场的固废量、受罚的次数或金额；另外还包括特定作业点的噪声值、特定作业点的辐射值、特定作业点的异味浓度等。

（5）能源与资源利用

能源与资源利用主要是从资源（包括原材料、包装材料、水资源等）和能源的角度出发，通过研究它们的使用效率（即单位产品的使用量）反映企业技术水平的先进程度，通过能源与资源的使用种类反映产品在废弃后是否有利于回收和再处理。主要可包括以下指标：单位产品使用的原材料量，原材料的使用种类，使用的回收或再利用的原材料量，单位产品使用的包装材料量，单位产品使用的包装材料种类，单位产品废弃的包装材料量，单位产品的用水量，生产过程中有害物质的使用量，单位产品有毒物质的使用量，单位产品危险化学品的使用量，单位产品的能源使用量，能源的使用类型，每一种形态的能源的使用量等。

5.3　绿色质量管理体系的网络分析评价

5.3.1　网络分析评价的基本理论

（1）ANP 与 AHP 的特征比较

AHP 与 ANP 面对的都是社会经济系统中用数学模型无法进行精确描述的复杂问题，而这种既包含定性指标又包含定量指标的多指标决策又是决策问题的绝大部分，这是 AHP 与 ANP 的共同特点。ANP 的理论支撑是 AHP，是由 AHP 发展而来的逐步形成的理论和方法，可以说 AHP 是 ANP 的一个特例。

处理多指标综合评价问题传统上最常用的方法是美国著名管理决策学者 Thomas L. Saaty 于 1980 年建立的层次分析法（Analytic Hierarchy Process, AHP）。层次分析法是把决策问题分为多层次的递阶控制关系，最高层为决策的目标层，中间是准则层，根据问题的需要可以有更多的子准则层，最下层为方案层。在递阶的层次关系中，下层元素受上层元素的控制，通过两两比较的方法，决定下层元素对上层元素的重要度，即权重。层次分析法处理的层次结构，是元素内部独立的递阶层次结构，任一元素隶属于一个层次；同一层次中任意两个元素之间不存在支配和从属的关系，且层次的内部独立；不相邻的两个层次的任两个元素之间不存在支配关系。AHP 的结构模型如图 5-2 所示。

层次分析法的假设过于严格，实际情况往往难以满足，多数复杂的多指标综合评价体系一般各层元素之间都存在依存关系，同时下层对上层也有反支配（反馈）的作用。对这类指标间存在依赖和反馈关系的情况，传统的层次分析法就不适用了。

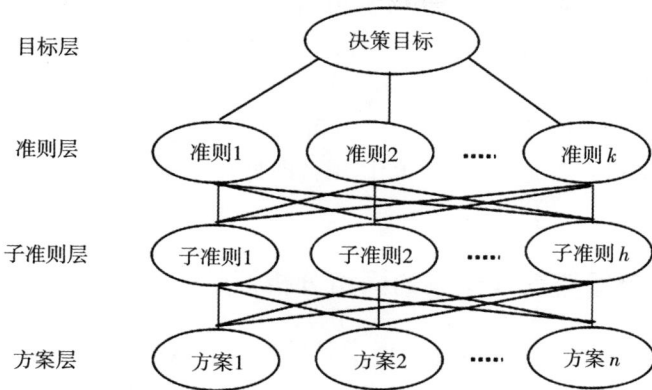

图 5-2　AHP 典型递阶层次结构图

Fig. 5-2　Hierarchy structure models of AHP

（2）ANP 的网络层次结构

为了解决上述问题，Thomas L. Saaty 在层次分析法的基础上于 1996 年提出了网络分析法（Analytic Network Process，ANP）[129-130]。网络分析法考虑了不同层次之间的信息反馈和同层元素之间的相互依存关系，相对于层次分析法显得更为合理。网络分析法把系统分为控制层与网络层两个部分。控制层包括问题目标与决策准则，网络层由受控制层支配的元素组成，元素之间是相互影响的，形成网络结构，如图 5-3 所示。

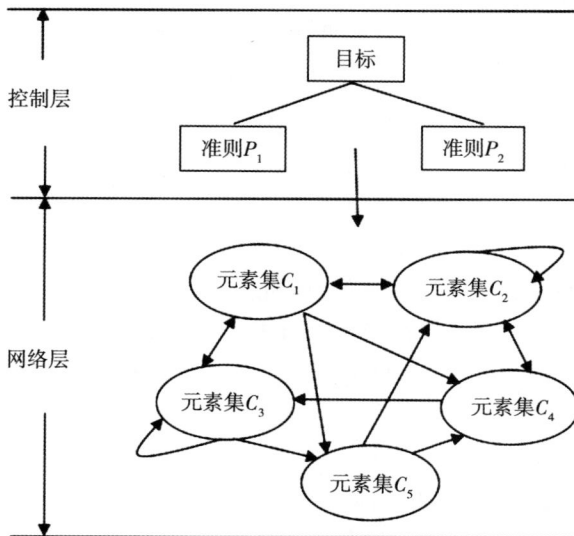

图 5-3　ANP 基本结构图

Fig. 5-3　Framework of ANP

　　近年来，对于质量体系的评价应用比较广泛的评价方法是模糊层次评价法[131]。虽然模糊层次评价的这种递阶层次结构给处理系统问题带来了方便，但由于其静态特征，即各要素之间是单向作用关系，而无反馈，从而限制了它在复杂决策问题中的应用。在许多实际问题中，各层次内部元素往往是依存的，低层元素对高层元素亦有支配作用，即存在反馈。此时系统的结构更类似于网络结构。

5.3.2 绿色质量管理体系的网络分析评价法

　　ANP 方法继承了层次分析法考虑各因素或层次之间相互影响的特点，而且考虑了指标之间的相互影响及反馈，所以越来越受到决策者的青睐。然而超级矩阵计算及迭代收敛的过程非常复杂，使得 ANP 在实际应用中受到很大的限制。随着超级决策软件（Super Decisions）的开发应用，人们不仅可以很快对矩阵进行求解，而且大大提高了 ANP 在决策评价等问题中的实用性及精确性。

　　在本书提出的绿色质量管理体系评价体系中，质量体系本身涉及太多的不确定性因素，评价指标之间存在着相互关系，如体系中的产品满意、人力资源管理都与感受有关，而对其有效性的描述也更多的是定性描述，必须考虑评价指标之间的依赖性和反馈性，使用传统的定量数学方法求解这类问题几乎不可能，故宜采用 ANP 法。

　　基于 ANP 理论和决策软件评价绿色质量管理体系的有效性时，通过指标的建立，矩阵的求解、迭代，可以获得更加有效的绿色质量管理体系的评价。利用 ANP 理论的主要步骤包括以下几个方面。

　　（1）构建决策指标的网络结构

　　典型的 ANP 网络由两部分构成，如图 5-3 所示，系统元素分为控制层和网络层两部分，控制层包括问题目标与决策准则，决策准则彼此独立，并可形成层次结构，如本书中的管理过程、支持过程、物流过程等。控制层也可以没有决策准则，仅有目标，即唯一的决策准则。网络层由受控制层支配的元素组成，类似的元素组成元素组，元素之间是相互影响的，形成网络结构，如图 5-3 所示，C_i 表示元素组，每个元素组可以包含多个元素 e_{ij}，连线表示元素之间的关系。

　　（2）构建无权超矩阵

　　假设总目标为 g，网络层的元素集为 C_1，C_2，…，C_N，其中，C_i 中包含的元素为 e_{i1}，e_{i2}，…，e_{in_i}。以总目标为主准则，以某一元素集 C_j 中的元素 e_{jl}（$l=1$，2，…，n_j）为次准则，按照元素 e_{jl} 对元素集 C_i 中各元素的影响程度进行比较，即如下构造判断矩阵：

e_{jl}	e_{i1}, e_{i2}, $\cdots$, e_{in_i}	归一化特征向量
e_{i1}		w_{i1}^{jl}
e_{i2}		w_{i2}^{jl}
$\vdots$		$\vdots$
e_{in_i}		$w_{in_i}^{jl}$

根据一致性检验，如果上述特征向量满足相容性条件，则为元素集 C_i 中的元素相对于 e_{jl} 的重要度排序量（若 C_i 中某元素对 e_{jl} 没有影响，则其权重分配为 0）。同理，可以得到相对于其他元素的排序向量，这些向量组合得到如下矩阵：

$$W_{ij} = \begin{bmatrix} w_{i1}^{(j1)} & w_{i1}^{(j2)} & \cdots & w_{i1}^{(jn_j)} \\ w_{i2}^{(j1)} & w_{i2}^{(j2)} & \cdots & w_{i2}^{(jn_j)} \\ \vdots & \vdots & & \vdots \\ w_{in_i}^{(j1)} & w_{in_i}^{(j2)} & \cdots & w_{in_i}^{(jn_j)} \end{bmatrix} \tag{5-1}$$

式（5-1）中，矩阵的列向量代表的是元素 e_{i1}, e_{i2}, $\cdots$, e_{in_i} 对 C_j 中元素 e_{j1}, e_{j2}, $\cdots$, e_{jn_j} 的重要度排序向量。把所有的网络层元素的相互影响的排序向量组合起来（即把所有的 W_{ij} 组合起来）就得到一个在目标 g 下的超矩阵，即未加权超矩阵：

$$W = \begin{array}{c} \begin{array}{cccc} C_1 & C_2 & \cdots & C_N \\ e_{11}e_{12}\cdots e_{1n_1} & e_{21}e_{22}\cdots e_{2n_2} & \cdots & e_{N1}e_{N2}\cdots e_{Nn_N} \end{array} \\ \begin{array}{c} c_1 \begin{Bmatrix} e_{11} \\ e_{12} \\ \vdots \\ e_{1n_1} \end{Bmatrix} \\ c_2 \begin{Bmatrix} e_{21} \\ e_{22} \\ \vdots \\ e_{2n_2} \end{Bmatrix} \\ \vdots \\ c_N \begin{Bmatrix} e_{N1} \\ e_{N2} \\ \vdots \\ e_{Nn_N} \end{Bmatrix} \end{array} \begin{bmatrix} w_{11} & w_{12} & \cdots & w_{1N} \\ w_{21} & w_{22} & \cdots & w_{2N} \\ \vdots & \vdots & & \vdots \\ w_{N1} & w_{N2} & \cdots & w_{NN} \end{bmatrix} \end{array} \tag{5-2}$$

（3）构建加权超矩阵

上述未加权超矩阵 W 的子块 W_{ij} 是列归一化的，但 W 却不是列归一化的，为此，以总目标 g 为主准则，以元素集 $C_j(j=1, 2, \cdots, N)$ 为子准则，其他

元素集根据对 C_j 的影响两两比较，得到一个归一化的元素集排序向量，其中与 C_j 无关的元素集对应的排序向量的分量为零：

c_j	C_1，…，C_N	归一化特征向量
c_1		$\boldsymbol{a}_{1j}$
⋮		⋮
c_N		$\boldsymbol{a}_{Nj}$

将所有元素集排序向量组合起来，得到元素集的权重为

$$A = \begin{pmatrix} \boldsymbol{a}_{11} & \cdots & \boldsymbol{a}_{1N} \\ \vdots & & \vdots \\ \boldsymbol{a}_{N1} & \cdots & \boldsymbol{a}_{NN} \end{pmatrix} \qquad (5\text{-}3)$$

把矩阵 A 与 W 相乘得到加权的矩阵为

$$\overline{W} = (\boldsymbol{a}_{ij}\boldsymbol{w}_{ij}) \qquad (i=1，\cdots，N；j=1，\cdots，N) \qquad (5\text{-}4)$$

由于影响绿色质量管理体系的因素众多，许多因素间存在相互依赖的情况，因此使用 ANP 方法进行评价是合适的。应用 ANP 求解大规模评价问题的计算非常烦琐，所以通常都是利用专用的计算机软件求解，本书使用 Super Decisions 软件求解绿色质量管理体系有效性评价的 ANP 模型。

5.4 本章小结

本章对绿色质量管理体系的有效性评价进行了研究。

（1）首先阐述了绿色质量管理体系的管理评审，说明了管理评审的准则，分析了管理评审的过程以及利用模型方法对管理评审的改进。

（2）创新性地构造了绿色质量管理体系的指标体系结构，多数指标来源于真实的企业，结合污染预防和环境保护的指标结构，构建了绿色质量管理体系的指标体系结构。

（3）探讨了绿色质量管理体系网络分析评价方法，分析了绿色质量指标体系建立的原则以及指标体系的意义，进一步利用网络分析评价方法对绿色质量管理体系的有效性进行了评价。

第6章　A公司绿色质量管理体系的构建与评价

6.1　A公司简介

A公司是叉车车桥专业化、规模化生产厂。公司分为两个厂区，全部占地面积13.1公顷，截至2004年底，固定资产净值2971万元。

公司创建以来，从无到有、从小到大、从弱到强，现已成为我国较大的轻型汽车车桥专业生产企业。车桥产销量连续7年递增，是国家重点扶植的汽车零部件生产企业。公司现有职工360余人，工程技术人员占职工总数的11%，工程技术人员普遍达到中级以上技术水平。公司是以制造轻型车桥总成为主的一级供应商，年生产能力10万只车桥。具有世界水平的加工中心，数控机加、焊接、装配、自动化检测等设备100余台，各种先进水平的生产线20余条，在规模产量、工艺装备、产品技术、管理水平等方面居同行业领先地位。公司的主要产品有轻型叉车车桥、轻型卡车车桥、皮卡车桥、越野车桥（含SUV、MPV等车桥）、轻型工程车桥、重型车桥等。公司生产的高档独立悬架车桥、轻客车桥、MPV车桥、越野车桥具有国内领先水平。

公司的主要顾客有北汽福田车辆股份有限公司、北京汽车制造厂有限公司、东风汽车股份有限公司、河北中兴汽车制造有限公司、石家庄双环汽车有限公司、上海万丰客车制造有限公司、安徽江淮汽车有限公司、沈阳金杯汽车有限公司、佛山市南海区福迪汽车有限公司、东安黑豹股份有限公司、荣成华泰汽车有限公司、上汽集团奇瑞汽车有限公司、美国泰勒福公司等。

公司于1999年5月获得中国方圆认证中心颁发的GB/T19001：94 - ISO9001：94标准认证证书。2003年与外方合作部分零件的加工，开始环境体系ISO14001的认证工作，注重环保理念，绿色质量管理体系在此基础上进行了试运行，得到的效果比较满意。

（1）公司的管理组织结构

如图6-1所示，公司遵循传统的直线职能制组织机构原理，设置职能部门，分工明确，市场营销、生产管理、技术管理、质量管理以及综合财务管理几大职能部门均协调于总经理的控制之下。质量管理室、计量理化室、质量检验室均归质量处，统一由总质量师负责，三个科室联系紧密，便于沟通，易于开展实施质量管理活动以及质量改进活动，有利于质量管理体系的实施。

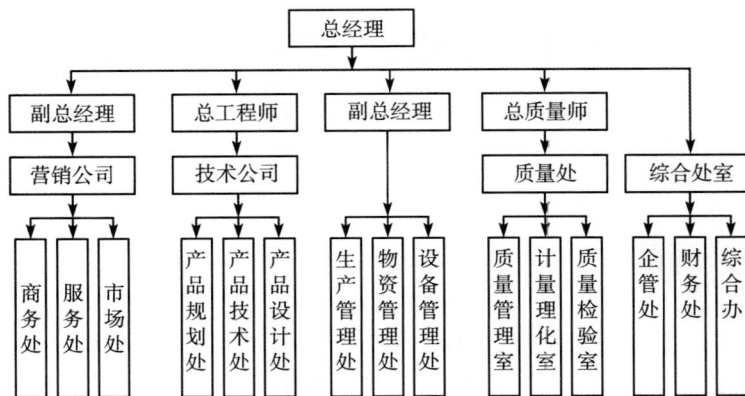

图 6-1　A 公司的组织机构图

Fig. 6-1　Organization of company A

（2）A 公司的质量方针、目标

①绿色质量方针。该公司在 2003 年曾与外方签约合作，公司在对方的要求下，实施了 ISO14001 环境体系的认证，并注重在全公司开展预防污染、建立绿色环境的活动。公司最高管理者将实现顾客满意作为组织的根本追求，在制订绿色质量管理方针、确定质量目标、策划及保持质量管理体系运行的各项活动中，始终考虑产品市场的需要，识别顾客的要求，包括当前的和预期的，并转化为组织的明确要求，严格执行制造行业及相关的法律法规，确保顾客的需求和期望正确地体现在相关的文件上，以满足顾客的绿色需求。

公司的质量方针是：

绿色生产，科学管理，创造和谐环境；

以人为本，追求卓越，实现可持续发展。

公司通过质量体系文件的发布、宣传、培训教育等形式，全体员工理解了质量方针，并在实际工作中执行。公司在管理评审中对质量方针的适宜性、持续性做出了评审。

②绿色质量目标。按公司绿色质量方针的要求，为保持质量管理体系运行和持续改进，确定公司的质量目标如下：

长期目标是：三年客户投诉减少 50%；每三年报废和返修成本减少 50%；产品环境符合法律法规的要求；重大事故率为零；不良品率在 3% 以下。

愿景目标是：零缺陷，零污染，零事故。

管理者代表负责组织制订公司每年度的质量工作要点和具体的质量目标。各部门领导将年度质量目标分解和展开到车间（科）、班组（室）及个人，并组织落实各项目标。公司质量部门负责对质量目标的完成情况进行检查与考核，确保方针、目标的有效贯彻、执行，并制订了实施文件"质量目标管理程序"。

6.2　A 公司绿色质量管理体系的形成过程

A 公司将质量体系的构建分为绿色质量管理战略的实施（主要涉及管理职责部分）、资源管理过程、绿色产品实现过程和测量分析改进过程。事实上，绿色质量的思想贯穿在每一个过程中。

6.2.1　绿色供应商评定与采购物流流程

绿色采购是指政府和企业经济主体一系列采购政策的制订、实施以及考虑到原料获取过程对环境的影响而建立的各种关系，其中，原料获取过程相关的行为包括供应商的选择评价和开发商、供应商的运作以及绿色物流、包装、回收、重用、资源的减量。其实质是建立资源节约、环境友好型社会。

A 公司为确保采购质量符合绿色产品的要求，使采购过程处于受控状态，制订并执行了"物资采购管理办法"，物资采购部负责原材料、半成品、成品、附件的采购。质量部门负责在采购前按"供应商评定程序"的规定进行评定、选择供方。对评定合格的供方列入"合格供应商名单"，该名单由质量部门负责每季度更新一次。物资采购部门在采购合同中明确提供采购产品的供应商的产品质量责任。

（1）供应商评定

物资采购部按"物资采购管理办法"，采用样品评价，供方能力、管理体系现场评价，历史情况评价的方法提出选择的供方；质量部门按"供应商评定程序"，对供应商的资格、产品技术、能力、业绩信誉、质量管理体系、环境安全行为进行评价。对不能满足规定的供方采取必要的措施，质量部门具有否决货源采用的权限。

物资采购部和质量部门协商决策共同对选择的供方实施评价，在评价过程中充分考虑环境、健康、安全等绿色质量要求因素，通过减少材料使用成本、末端处理成本以及节约资源等方面选择供应商。当批准选择采购的供方后，质量部门对其产品质量、环境、安全依据"产品的监视和测量控制程序""环境、健康安全运行控制程序"的规定实施监控，定期评价其业绩，并将这些评价记录作为实施控制程度的依据。

（2）采购信息

物资采购部在采购原材料、半成品、成品、附件时，应确定采购要求。在与供方签订合同时，向供方提供用于表述采购产品要求及对采购产品控制的要求的采购信息，并保证采购要求是充分与适宜的。

采购文件应正确表达采购信息，可包括采购原材料、半成品、成品、附件的名称、型号、规格、质量要求、验收标准、价格、交付情况等信息，适当时，还可包括供方的设备设施能力、绿色生产过程的批准要求。

（3）绿色采购产品的验证

为了确保采购的产品满足规定的要求，质量部门根据采购文件的规定和"外购产品入厂复验程序"执行采购产品验证。

公司根据采购产品对最终产品的影响程度及采购产品的质量状况等信息，确定验证活动的方式。验证活动主要包括：从供方处获得产品质量的客观证据（如产品附带的文件、合格证、试验报告、统计记录、过程控制记录）；供方处进行检验和审核；对要求的文件的评审；委托供方验证或供方取得认证；产品验收。

6.2.2 绿色设计制造与测量监测流程

6.2.2.1 绿色设计流程

绿色设计是以绿色技术为原则所进行的产品设计。绿色设计的目的是克服传统设计的不足，使所设计的产品既能满足绿色产品的要求，又能适应环境与可持续发展的需要。它包含产品从概念形成到生产制造、使用乃至废弃后的回收重用及处理处置的各个阶段，即涉及产品的整个生命周期，是从摇篮到再生的整个过程。也就是要从根本上防止污染，节约资源和能源。

绿色设计思想是预先设法防止产品及工艺对环境产生的副作用，然后再制造，这是绿色设计的基本思想。

设计和开发过程中应把工程需要、可制造性、性能、环境影响等要求与产品的可靠性、可维修性以及有利于健康、环保的特性协调起来考虑，把这些要求（一般是定性的）转化成产品图样及材料标准、外购件标准及工艺标准等一系列技术规范，保证产品既能满足顾客的绿色需求，又适合绿色生产、检验和质量控制，从而使企业获得良好的"绿色"经济效益。

（1）设计和开发的策划

公司总工程师负责组织有关部门及具备一定资格和绿色设计知识的人员进行设计和开发策划，并为其配备充分的绿色资源。在设计和开发策划时确保：

① 明确对每个设计和开发阶段需要开展的评审、验证和确认活动；② 明确研制过程中产品的使用条件和性能，环保、健康的约束准则，无毒、无污染材料及易回收、可重用、易降解材料的作用，明确管理渠道和控制要求；③ 按照相应的绿色设计、试验规范进行设计、试验，并以此作为控制和评价绿色设计、试验工作的准则；④ 运用优化设计、绿色设计对产品性能、可靠性、维修性、安全性、经济性、可回收性、可拆卸性和保障性等进行系统分析、综合权衡，以求最佳的费用效能。

（2）设计和开发的输入

将确定的与产品有关的具体要求作为设计和开发的输入，保持这些输入的记录，设计和开发的输入要形成文件，并对其进行评审。设计和开发的输入包括：产品的功能和性能要求；适用的法律法规要求，如健康、安全、环境等方面的要求；设计和开发所必需的其他要求。收集有关产品标准、规范、材料性能数据，明确规定产品性能、工作特性、设计特点及产品的特征、试验报告、检验程序以及必须贯彻的标准和进行的各种试验项目。

（3）设计和开发的输出

设计和开发的输出要形成文件，设计和开发的输出主要应包括满足设计和开发输入的要求；给出采购、生产和服务提供的适用信息；规定产品与维修、安全、环境和健康等关系重大的设计特性（如操作、贮存、搬运、维修和处置的要求）；编制产品使用维护说明书，提出产品使用所必需的保障方案和保障资源要求。

这些输出应以成套输出文件（包括各种说明书、技术条件、技术报告、计算书、试验文件、各种目录及明细表、标准和技术规定、技术通报和外协文件等）来表述。

（4）设计和开发的评审

上述设计和开发输出文件在使用之前，要由总设计师组织进行评审。评审设计和开发的结果是否满足绿色产品要求的能力；识别和发现存在的问题和不足，并采取适当措施；每项评审根据评审的内容邀请有关职能部门的代表和顾客参加，必要时，还邀请公司外的专家、教授参加。

6.2.2.2 绿色质量制造流程

绿色制造是一个综合考虑环境影响和资源消耗的现代制造模式，其目标是使得产品从设计、制造、包装、运输、使用到报废处理的整个生命周期过程中，对环境的负面影响最小，资源利用率极高，并使企业的经济效益和社会效益协调优化。绿色制造现在已成为世界性的新产品设计潮流，因为这符合现代环境观。经绿色制造而生产的产品，当它寿命周期结束时，其组成部件可经整修后重复利用，从而形成该产品的封闭式循环。在废物处理费用越来越高的今天，从设计着手就让产品易于销毁已经变得同易于制造一样重要。

A公司生产部门组织生产单位对绿色生产和生产过程进行了策划，策划时，充分考虑了所应用的绿色生产技术和工艺。策划的结果形成了工艺文件、技术说明书和质量控制文件。通过以下方面的活动，充分控制对产品质量、环境、安全、能源的节约和资源的合理利用有直接影响的生产过程因素。

（1）绿色生产线的设计

按照绿色质量管理的要求对产品过程所需的设备设施和工艺装备进行配备、维修、保养，以保持所需的过程能力；根据产品生产项目的需要配置并使用符合测量精度要求的合适的监视、测量设备，以便对生产过程进行产品特性和过程特性的测量和监视；安全生产、文明生产执行"环境、健康安全运行控制程序""文明生产管理规定""安全生产管理制度"。按"产品的监视和测量控制程序"的规定监视和测量产品特性形成的生产过程，包括操作者、作业过程及工作环境的监视和测量。

对于特殊过程生产线的绿色设计，制造过程主要是改变一个元件的物理性能、化学性能和冶金性能，这种改变在以后的制造周期的正常工序中是不能直接探测到的过程，称为特殊过程。特殊过程在产品的生产质量、环境、健康、安全、能源的节约和资源的合理利用等方面所产生的影响起着关键的作用，因此，聘请有关专家进行专门的设计。

（2）控制产品的副输出

制订预防、检查和排除多余物的措施，对影响产品质量的资源（如水、压缩空气、冷却液体及化学产品等的使用）进行合理供给和监控。公司制订并执行了"多余物控制程序""能源管理制度"。

（3）标识和可追溯性

对于环境、健康和安全方面，在调查研究情况下，可追溯性用于：在制订的最后期限内跟踪原材料、辅料来源和产品主要制造阶段；验收地点和条件；可能产生相同问题的产品和产生的影响；"随时"找出任何产品的位置，以便进一步确定预定使用寿命极限；保证符合这些极限；进行可能的改进；确定更换的必要性；完成修理和改进。

标识包括原材料、零组件、辅料以及与其相关的各种记录和各种检验、实验、试验报告等。

（4）产品防护

产品防护是指对产品的符合性提供保护，并按产品技术条件和相应的法律、法规执行。具体措施包括：清洁；预防、检查和排除多余物；对敏感的产品的特殊搬运；安全警示的标识和标签；贮存期的控制和存货周转；对危险材料的特殊搬运。从产品开始投产到完工交付使用前，生产单位应对各工序加工绿色生产要求以及相关的绿色工艺和技术规范要求实施必要的防护措施。完工产品入库后必须妥善存放，不能裸露摆放，必须有保护措施。如薄壁件避免受压变形，算齿件加保护套防止磕、碰伤。

如包装检查，许多零件放在一个包装箱时，零件之间不能接触，确保运输过程中不损坏零件；包装箱必须按零件号使用，不能相互代替；设专人对入库零件进行登记，核对入库票与合格证是否一致，并向检验员提供零件图纸；经检验员检验后，将合格零件按照零件的序列号及包装工艺规程进行包装，并有专人核对零件序列号与内外包装箱是否一致；在零件放入泡沫箱后，装箱工负责书写泡沫箱外的零件序列号，并有专人核对零件序列号与内外包装箱是否一致；按照装箱单上的零件序列号，由专人提交检验，检查无误后进行装箱。装箱时，按照箱号由专人负责校对零件序列号与内外包装箱是否一致；对零件包装箱的正确捆扎方法要在包装工艺中予以说明。

（5）测量和监测装置的控制

当发现测量设备状态出现异常时，要对以往的测量结果进行评审，对受影响的产品采取适当措施，测量装置首次使用时要对其进行验证；当计算机软件用于规定的监视和测量时，初次使用前要确认其能力，必要时重新确认。生产和检验共用的设备在用于检验前应校准并记录证明其能用于验收产品。要保证测量设备的精度满足测量要求。

对测量设备要标识校准状态，要有防止测量结果失准的安全措施；测量设备在搬运、维护与贮存过程中要加以保护，以免造成损坏或失效。为确保测量精度和结果有效，公司主管部门应按产品生产过程的需要配置适用的测量、检验和试验设备，计量部门制订并组织执行"测量设备管理和控制程序"，以保持这些检测设备达到要求。

（6）不合格控制及数据分析

公司应建立不合格控制审理系统，各级审理人员经公司总经理授权独立行使各自的权利，对不合格品审理的职责和处理的权限以及批准做出审理决定人员的过程在文件中予以规定。

对报废处理的产品，应做出醒目和永久性的标记，并进行可见的破坏，直到使之不可能被使用为止。不合格问题的性质及其后续采取的任何措施的记录，包括所批准的让步接收的记录都要予以保存。不合格品得到纠正后要再次进行验证，以证实其符合各项要求。不合格品在产品交付以后或已经使用后才被发现，公司要按顾客的要求，根据不合格的影响或潜在影响的程度采取适当的措施。

公司各职能部门应根据各自的管理范围及时有效地确定、收集和分析适当的数据，以证实管理体系的适宜性和有效性，并作为改进的依据：对产品生产中质量管理、环境、安全方面的信息进行收集和分析；物资采购部负责收集和分析材料采购、供方的有关信息；销售部负责收集顾客满意、市场动态的信息，并进行分析；质量管理部负责收集内审、外审、管理评审的信息。

另外，应针对顾客满意和不满意的信息做出响应，如顾客满意度调查数据、投诉、产品交付后的信息、销售额的变化趋势、竞争对手的数据分析等，在此基础上提出改进措施。

（7）持续改进

为持续改进公司绿色质量管理体系的有效性，公司质量管理部组织实施了以下方面的改进活动：确定绿色质量管理目标，以明确改进的方向；通过数据分析、内部审核不断寻求改进的机会；通过实施纠正和预防措施，实现质量体系改进；通过管理评审评价改进效果，确定新的改进目标；通过策划重大技术改造计划项目以及推广应用绿色工艺、绿色技术，减少工业污染和末端治理，创建和谐、健康、安全的绿色环境。

① 纠正措施。质量管理部应根据所出现的不合格品的影响程度决定采取相适应的纠正措施，并消除产生不合格的原因，防止再次发生。

纠正措施应考虑在风险、利益和成本方面与所解决的问题相适应。纠正措施规定以下方面的要求：对已发现的不合格，包括体系运行方面和产品质量管理方面的顾客抱怨进行评审；通过调查、分析确定不合格的原因；评价为防止不合格再次发生采取措施的需求；确定并实施所需的措施；跟踪并记录所采取措施的结果；评价已采取纠正措施的有效性。

质量管理部对采取的纠正措施的落实情况进行监督检查，并形成书面报告提交管理评审。

② 预防措施。公司各部门应根据过程能力的变化趋势、顾客满意程度的意见、产品销售的变化趋势、供方提供产品质量管理的变化趋势等反映产品质量管理的各方面信息，并针对潜在不合格的影响程度，决定采取措施，以消除潜在的不合格的原因，防止不合格的发生，促进公司质量体系的不断完善和持续改进。

质量管理部负责收集各部门关于采取预防措施的信息，评价预防措施的有效性，对于富有成效的改进做出永久更改或进一步采取措施的决定。同时，对纠正预防措施实施效果及其验证记录的资料收集、整理、分析和保存。做到识别潜在不合格及其原因，确定并确保实施所需的预防措施，记录采取措施结果，评审所采取的预防措施。

6.2.3 绿色销售服务流程

企业应将绿色销售服务贯穿于整个销售过程，尤其是售后服务。既要满足消费者的绿色消费需求，也要节约能源和资源，鼓励重复使用、回收利用和循环再生，减少污染。要建立良好的销售服务网络，负责绿色产品的销售服务、咨询、维修和回收。服务网络的布点要合适，布点要有足够的服务覆盖面。

A 公司的绿色销售服务部分体现在绿色包装上，对于资源的回收和回购工作没有正式实施，在此，针对绿色回收和回购做适当说明，作为该公司未来绿色销售服务发展的借鉴。

（1）绿色包装

绿色包装体现在：

减量化包装（Reduce）：在保障包装功能的前提下，尽可能减少材料的用量以减少包装废弃物的量；

可复用包装（Reuse）：包装容器重复利用，也可以较大程度地减少废弃物的量；

可回收再生包装（Recycle）：包装废弃物可以再生为原料或转化为其他可利用材料；

可降解包装（Degradable）：包装废弃物可以在较短时间内降解为小分子物质。

A 公司在 2003 年之前的包装材料多为木质包装箱，成本高，还造成资源的浪费，在与外方合作后，借鉴外方的包装材料，从包装方面进行了大的改进，如今多数是纸包装。

纸包装材料容易降解，废弃物回收价格大，符合环境保护的要求，对治理由于塑料造成的白色污染能起到积极的作用，所以我国在《全国包装行业"九五"发展规划及 2010 年远景发展目标》中明确指出要着重发展纸包装制品，开发各种替代塑料薄膜的防潮、保鲜纸包装制品。

（2）绿色回收

据美国环保局的一项研究，若用从废弃家电中回收的废钢代替新钢，则可以减少采购、运输、冶炼等许多工业过程，从而可以减少 97% 的矿渣废物和 40% 的用水量，节约 90% 的原材料。这样，最终将节约能耗 74%，减少 86% 的大气污染和 76% 的水污染。若将此研究结果推及废弃家电中的铜、铝及其他可再利用的材料，可想而知，对减少能耗、改变环境的作用将更为可观。

日本已于 2001 年 4 月 1 日开始执行《废旧家电回收法》，规定家用电器制造厂和进口商对电冰箱、电视机、洗衣机、空调器四大类家用电器有回收和实施再商品化的义务。现规定，每 3 万日元的一台冰箱，若三年之内废弃掉，消费者必须交 1 万日元的废弃物处置费，企业与消费者共同构筑绿色回收网络。

绿色回收或回购体现了企业承担相应社会责任的行为，包括：及时回收可能造成安全隐患和环境破坏的产品，并负责免费矫正；对消费者不满意的产品和旧产品负责回收处理；回收自己生产的包装物；等等。绿色回购要求整个回购过程不能给环境和社会造成危害，还倡导终端消费者参与回收过程，一起承担保护环境的责任。

显然，无论绿色回收还是回购，所做的工作是传统企业经营所忽略的，它需要企业重新投入人力、物力、财力来完成。

6.3　绿色质量管理体系的综合评价

6.3.1　绿色质量管理体系的评审

（1）A 公司用百分制评价体系的运行情况等级，如表 6-1 所示。

表 6-1　　　　　　　　绿色质量体系评价等级

Table 6-1　　Evaluation level of green quality management system

目标比较	超越目标	符合目标	基本符合目标	不符合目标
评语	非常有效	比较有效	基本有效	无效
分值范围	81~100	61~80	40~60	40 以下

公司按照策划目标以及相应的标准，对绿色质量管理体系的有效性做出了评价。绿色质量方针、目标及体系策划能达到基本有效的状况，资源管理能够达到有效，产品实现达到有效，测量分析和改进达到有效。绿色质量管理体系的实施是有效的。

（2）公司的最高管理者、质量经理、质量部门相关人员以及生产部门的人员每年都要根据实际情况，对公司绿色质量体系的各项因素进行管理评审，正常情况下每年又有一次外审。根据自身的特点，至少每年都要进行一次内审，而公司的客户也根据自身的要求随时提出对公司进行第二方的审核。

公司根据管理评审的输出，分析目前的弱点或体系策划还有待进一步改进的地方，如企业人力资源管理这部分做得还不够好，测量分析的部分有欠缺，持续改进的手段需进一步研发等，寻找影响问题产生的原因，按照质量管理的 PDCA 循环思想，采取相应的纠正或预防措施。

6.3.2　绿色质量管理体系的网络分析评价

　　按照第 5 章的评价步骤对绿色质量管理体系进行网络分析评价。由于元素之间内部的依存关系，绿色质量管理体系的评价中，元素集中的每个元素又作为次评价准则进行元素之间的比较分析，这样，不仅上下层之间存在反馈，元素内部之间也有反馈作用，本案例中的 ANP 网络模型如图 6-2 所示。

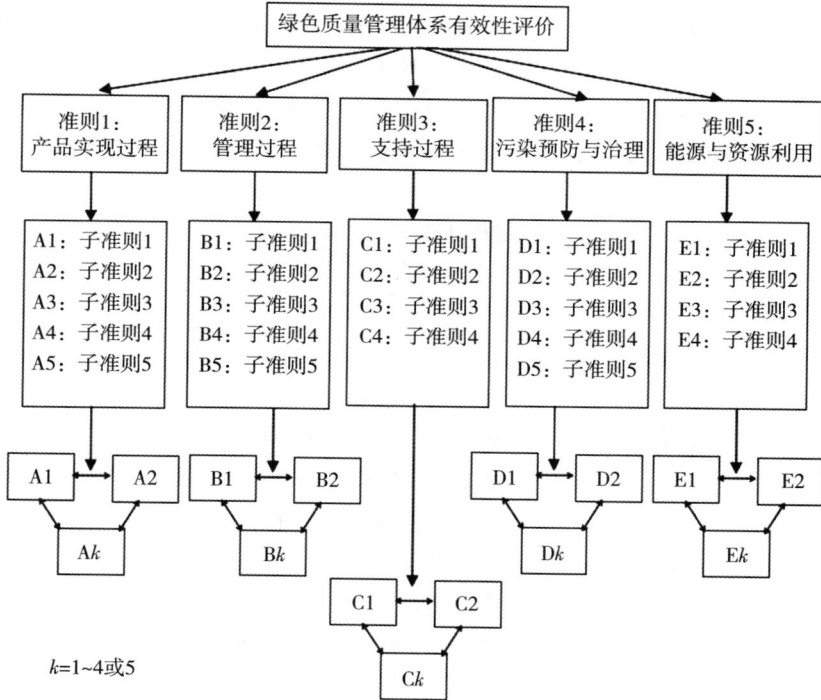

图 6-2　绿色质量管理体系评价模式

Fig. 6-2　Evaluation models of green quality management system

　　根据企业的实际情况确定指标体系，评价体系分为以下几层。

　　决策目标层：绿色质量管理体系的有效性评价。

　　准则层：产品实现过程 A，管理过程 B，支持过程 C，污染预防与治理 D，能源与资源利用 E。

　　子准则层（次准则层）：产品废品率 A1，产品超差率 A2，绿色设计和开发评审率 A3，库存周转率 A4，顾客反馈质量信息处理率 A5；外部顾客满意度得分 B1，绿色质量目标实现率 B2，纠正措施有效性 B3，预防措施有效性 B4，持续改进项目完成率 B5；员工培训有效性完成率 C1，设备维护保养计划完成率 C2，在用计量器具受检率 C3，年大修理计划完成率 C4；低污染低能耗设备的比例 D1，低污染材料的使用比例 D2，材料的再循环利用率 D3，水资源的再循环利用率 D4，"三废"治理有效性 D5；能源利用率 E1，原材料利用率 E2，单位产品包装材料使用量 E3，资源回收再利用率 E4。

图 6-2 反映了绿色质量管理体系各层次之间以及元素集的指标之间的关系。公司采取网络分析评价方法进行评价，步骤如下：

（1）绩效指标的无量纲处理

本案例中的数据设计为 5 年，即从 2001—2005 年的数据，定量指标和部分定性指标是从企业每年的质量体系审核表中直接获得的，还有部分定性语言描述指标，企业每年没有数量考核记录，是通过该企业的质量管理部长以及部分专家共同决策的，所以，表 6-2 中的指标基本能够反映该企业的质量管理体系状况。表 6-3 中的定性指标是专家按照以下的评分标准进行打分的。

表 6-2   绿色质量管理体系指标数据样本

Table 6-2   Index data example of GQMS

	过程要素	指标要素	2001 年	2002 年	2003 年	2004 年	2005 年
绿色质量管理体系有效性评价	产品实现过程 A	产品废品率 A1	10%	8%	6%	4%	1%
		产品超差率 A2	14%	12%	8%	5%	2%
		绿色设计和开发评审率 A3	70%	85%	97%	100%	100%
		库存周转率 A4（次/月）	4	3	7	17	15
		顾客反馈质量信息处理率 A5	90%	96%	98%	100%	100%
	管理过程 B	外部顾客满意度得分 B1	60%	74%	85%	85%	87%
		绿色质量目标实现率 B2	70%	73%	78%	80%	86%
		纠正措施有效性 B3	50%	60%	70%	80%	80%
		预防措施有效性 B4	20%	30%	30%	50%	60%
		持续改进项目完成率 B5	40%	40%	60%	70%	75%
	支持过程 C	员工培训有效性完成率 C1	40%	50%	75%	82% %	85%
		设备维护保养计划完成率 C2	80%	85%	93%	97%	97%
		在用计量器具受检率 C3	93%	97%	99%	100%	100%
		年大修理计划完成率 C4	80%	82%	90%	93%	94%

续表 6-2

	过程要素	指标要素	2001 年	2002 年	2003 年	2004 年	2005 年
绿色质量管理体系有效性评价	污染预防与治理 D	低污染低能耗设备的比例 D1	0.50	0.50	0.60	0.70	0.85
		低污染材料的使用比例 D2	0.30	0.40	0.75	0.81	0.85
		材料的再循环利用率 D3	0.30	0.30	0.41	0.50	0.70
		水资源的再循环利用率 D4	0.30	0.30	0.60	0.70	0.81
		"三废"治理有效性 D5	0.41	0.41	0.75	0.85	0.90
	能源与资源利用 E	能源利用率 E1	0.30	0.30	0.41	0.41	0.55
		原材料利用率 E2	0.30	0.30	0.41	0.41	0.55
		单位产品包装材料使用量 E3	0.30	0.30	0.41	0.41	0.50
		资源回收再利用率 E4	0.30	0.30	0.41	0.50	0.61

表 6-3　　　　　　　　　　　定性指标评分标准

Table 6-3　　　　　　Evaluation level qualitative index

很好	好	一般	差	很差
0.8~1.0	0.6~0.8	0.4~0.6	0.2~0.4	0~0.2

指标无量纲化就是将所有的指标都转化为区间 [0，1] 的一个数，一般而言，绩效指标一般为两类：指标值越大越好的效益型和指标值越小越好的成本型，对不同类型的指标需要采用不同的转化方法。

① 效益型指标的无量纲化：

$$T = \begin{cases} 1, & y_j \geqslant y_j^{\max} \\ \dfrac{y_j - y_j^{\min}}{y_j^{\max} - y_j^{\min}}, & y_j^{\min} < y_j < y_j^{\max} \\ 0, & y_j < y_j^{\min} \end{cases} \tag{6-1}$$

式中，y_j 为第 j 指标的实际值；$y_j^{\max}$，$y_j^{\min}$ 分别为第 j 指标的上限与下限值。

② 成本型指标的无量纲化：

$$T = \begin{cases} 0, & y_j > y_j^{\max} \\ \dfrac{y_j^{\max} - y_j}{y_j^{\max} - y_j^{\min}}, & y_j^{\min} < y_j < y_j^{\max} \\ 1, & y_j \leqslant y_j^{\min} \end{cases} \tag{6-2}$$

对表 6-2 中的原始数据利用式（6-1）和式（6-2）进行无量纲处理后得到表 6-4。

表 6-4 绿色质量管理体系指标无量纲化后的结果
Table 6-4 Data with no dimension of GQMS

指标要素	标准值	2001 年	2002 年	2003 年	2004 年	2005 年
产品废品率 A1	[0, 2%]	0.00	0.00	0.00	0.00	0.50
产品超差率 A2	[0, 3%]	0.00	0.00	0.00	0.00	0.33
绿色设计和开发评审率 A3	[0, 100%]	0.70	0.85	0.97	1.00	1.00
库存周转率 A4（次/月）	[5, 25]	0.00	0.00	0.10	0.60	0.50
顾客反馈质量信息处理率 A5	[0, 100%]	0.90	0.96	0.98	1.00	1.00
外部顾客满意度得分 B1	[0, 100%]	0.60	0.74	0.85	0.85	0.87
绿色质量目标实现率 B2	[0, 100%]	0.70	0.73	0.78	0.80	0.86
纠正措施有效性 B3	[0, 100%]	0.50	0.60	0.70	0.80	0.80
预防措施有效性 B4	[0, 100%]	0.20	0.30	0.30	0.50	0.60
持续改进项目完成率 B5	[0, 100%]	0.40	0.40	0.60	0.70	0.75
员工培训有效性完成率 C1	[0, 100%]	0.40	0.50	0.75	0.82	0.85
设备维护保养计划完成率 C2	[0, 100%]	0.80	0.85	0.93	0.97	0.97
在用计量器具受检率 C3	[0, 100%]	0.93	0.97	0.99	1.00	1.00
年大修理计划完成率 C4	[0, 100%]	0.80	0.82	0.90	0.93	0.94
低污染低能耗设备的比例 D1	[0, 1]	0.50	0.50	0.60	0.70	0.85
低污染材料的使用比例 D2	[0, 1]	0.30	0.40	0.75	0.81	0.85
材料的再循环利用率 D3	[0, 1]	0.30	0.30	0.41	0.50	0.70
水资源的再循环利用率 D4	[0, 1]	0.30	0.30	0.60	0.70	0.81
"三废"治理有效性 D5	[0, 1]	0.41	0.41	0.75	0.85	0.90
能源利用率 E1	[0, 1]	0.30	0.30	0.41	0.41	0.55
原材料利用率 E2	[0, 1]	0.30	0.30	0.41	0.41	0.55
单位产品包装材料使用量 E3	[0, 1]	0.30	0.30	0.41	0.41	0.50
资源回收再利用率 E4	[0, 1]	0.30	0.30	0.41	0.50	0.61

（2）内部独立指标层的权重的确定

同 AHP 一样，ANP 方法也是通过专家评价的方法得到指标的权重。为了使评判的结果更准确、合理，由品质部、生产部、财务部以及负责环保部门的四方面专家参与决策，权重为 $w = (0.35, 0.25, 0.15, 0.25)$，根据 Satty 标度表，四方面专家对 5 个准则给出的权重的判定如表 6-5 所示。

表 6-5　　　　　　　　　　　　判断矩阵标度及其含义

Table 6-5　　　　The scale and its meanings of decision matrix

序号	重要性等级	c_{ij}
1	i, j 两元素同等重要	1
2	i 元素比 j 元素稍微重要	3
3	i 元素比 j 元素明显重要	5
4	i 元素比 j 元素强烈重要	7
5	i 元素比 j 元素极端重要	9
6	i 元素比 j 元素稍微不重要	1/3
7	i 元素比 j 元素明显不重要	1/5
8	i 元素比 j 元素强烈不重要	1/7
9	i 元素比 j 元素极端不重要	1/9

如品质部的专家针对准则层 5 个指标，即产品实现过程、管理过程、支持过程、污染预防与治理、能源与资源利用的判断矩阵如下：

	A	B	C	D	E
A	1	1/7	1/5	1/5	1/5
B	7	1	5	3	3
C	5	1/5	1	3	3
D	5	1/3	1/3	1	1/3
E	5	1/3	1/3	3	1

可以求出它的特征向量为（0.0644，0.8466，0.4093，0.1818，0.2803）。同理，其他三方面专家分别做出自己的判断，构成的矩阵为

$$G = \begin{pmatrix} 0.0644 & 0.3248 & 0.2137 & 0.3356 \\ 0.8466 & 0.7352 & 0.5682 & 0.5324 \\ 0.4093 & 0.3024 & 0.4321 & 0.1165 \\ 0.1818 & 0.3468 & 0.0563 & 0.5321 \\ 0.2803 & 0.0937 & 0.4627 & 0.7832 \end{pmatrix}$$

综合每个专家的意见后，各准则的综合权重向量为

$$\tilde{G} = \begin{pmatrix} 0.0644 & 0.3248 & 0.2137 & 0.3356 \\ 0.8466 & 0.7352 & 0.5682 & 0.5324 \\ 0.4093 & 0.3024 & 0.4321 & 0.1165 \\ 0.1818 & 0.3468 & 0.0563 & 0.5321 \\ 0.2803 & 0.0937 & 0.4627 & 0.7832 \end{pmatrix} \begin{bmatrix} 0.35 \\ 0.25 \\ 0.15 \\ 0.15 \end{bmatrix}$$

$$= [0.1861, 0.6452, 0.3011, 0.2386, 0.3084]$$

归一化处理后的权重：

$$\tilde{G}' = (0.1108, 0.3842, 0.1793, 0.1421, 0.1836)$$

（3）内部依存的准则（元素）的权重的确定

为了反映内部依存的准则（元素）之间的相互影响关系，除了相对于上层元素进行重要度比较分析（纵向比较）外，还需要横向比较不同的准则（元素）之间的重要性。比如，管理过程之下的 5 个指标（绿色质量目标实现率、纠正措施有效性、预防措施有效性、持续改进项目完成率、外部顾客满意度得分）之间存在依存关系，除了比较它们在管理过程准则下的重要度外，还需要比较它们之间的相互影响的重要度，如在质量目标实现准则下，还要比较纠正措施有效性、预防措施有效性、持续改进项目完成率以及外部顾客满意度得分的重要度，因为纠正措施、预防措施有效，质量目标实现率就高；同样，顾客满意以及持续改进做得好，质量目标实现率也会好。如表 6-6 所示。

表 6-6　　　　　　　　　　管理过程目标层比较矩阵

Table 6-6　　　　　The objective matrix of management process

绿色质量目标实现率	纠正措施有效性	预防措施有效性	持续改进项目完成率	外部顾客满意度得分	相对权重
纠正措施有效性	1	1/3	5	1/5	0.2507
预防措施有效性	3	1	1/3	1/3	0.1653
持续改进项目完成率	1/5	3	1	3	0.2633
外部顾客满意度得分	5	3	1/3	1	0.3207

表 6-6 说明了管理过程的 5 个指标之间是如何相互影响的，这种重要度的比较是通过多年的验证以及该公司的质量工程师认可的，同样可以确定其他指标之间的相互依存关系。

（4）超矩阵的计算

在考虑了管理过程所有要素之间的相互关系后，把所有指标间的相互影响关系的影响权重组成矩阵，得到超矩阵，如表 6-7 所示。

表 6-7　　　　　　　　　次准则层下的指标重要度

Table 6-7　　　　　Index weightings of sub-attribute

	A					B				
	A1	A2	A3	A4	A5	B1	B2	B3	B4	B5
A1	0	0.5343	0.2500	0.2500	0.2488	0	0	0	0	0
A2	0.5343	0	0.2500	0.2500	0.5555	0	0	0	0	0
A3	0.0938	0.0938	0	0.2500	0.1147	0	0	0	0	0

续表 6-7

	A					B				
A4	0.0668	0.0668	0.2500	0	0.0810	0	0	0	0	0
A5	0.3051	0.3051	0.2500	0.2500	0	0	0	0	0	0
B1	0	0	0	0	0	0	0.3207	0.0618	0.2500	0.5547
B2	0	0	0	0	0	0.2500	0	0.3119	0.2500	0.0691
B3	0	0	0	0	0	0.2500	0.2507	0	0.2500	0.1419
B4	0	0	0	0	0	0.2500	0.1653	0.3624	0	0.2343
B5	0	0	0	0	0	0.2500	0.2633	0.2639	0.2500	0
C1	0	0	0	0	0	0	0	0	0	0
C2	0	0	0	0	0	0	0	0	0	0
C3	0	0	0	0	0	0	0	0	0	0
C4	0	0	0	0	0	0	0	0	0	0
D1	0	0	0	0	0	0	0	0	0	0
D2	0	0	0	0	0	0	0	0	0	0
D3	0	0	0	0	0	0	0	0	0	0
D4	0	0	0	0	0	0	0	0	0	0
D5	0	0	0	0	0	0	0	0	0	0
E1	0	0	0	0	0	0	0	0	0	0
E2	0	0	0	0	0	0	0	0	0	0
E3	0	0	0	0	0	0	0	0	0	0
E4	0	0	0	0	0	0	0	0	0	0

	C				D				E				
	C1	C2	C3	C4	D1	D2	D3	D4	D5	E1	E2	E3	E4
A1	0	0	0	0	0	0	0	0	0	0	0	0	0
A2	0	0	0	0	0	0	0	0	0	0	0	0	0
A3	0	0	0	0	0	0	0	0	0	0	0	0	0
A4	0	0	0	0	0	0	0	0	0	0	0	0	0
A5	0	0	0	0	0	0	0	0	0	0	0	0	0

续表 6-7

	C				D					E			
B1	0	0	0	0	0	0	0	0	0	0	0	0	0
B2	0	0	0	0	0	0	0	0	0	0	0	0	0
B3	0	0	0	0	0	0	0	0	0	0	0	0	0
B4	0	0	0	0	0	0	0	0	0	0	0	0	0
B5	0	0	0	0	0	0	0	0	0	0	0	0	0
C1	0	0.1240	0.3334	0.1047	0	0	0	0	0	0	0	0	0
C2	0.3333	0	0.3333	0.6370	0	0	0	0	0	0	0	0	0
C3	0.3333	0.2968	0	0.2583	0	0	0	0	0	0	0	0	0
C4	0.3334	0.6175	0.3333	0	0	0	0	0	0	0	0	0	0
D1	0	0	0	0	0	0.2500	0.5651	0.2403	0.5283	0	0	0	0
D2	0	0	0	0	0.2500	0	0.2391	0.1045	0.3050	0	0	0	0
D3	0	0	0	0	0.2500	0.2500	0	0.0666	0.0610	0	0	0	0
D4	0	0	0	0	0.2500	0.2500	0.1186	0	0.1057	0	0	0	0
D5	0	0	0	0	0.2500	0.2500	0.0772	0.5886	0	0	0	0	0
E1	0	0	0	0	0	0	0	0	0	0	0.1047	0.2225	0.1047
E2	0	0	0	0	0	0	0	0	0	0.2402	0	0.6506	0.2583
E3	0	0	0	0	0	0	0	0	0	0.3732	0.2583	0	0.6370
E4	0	0	0	0	0	0	0	0	0	0.3866	0.6370	0.1269	0

运用 Matlab 软件的 eig 函数，求得如下特征向量：

$$A = [0.5518, 0.6434, 0.2069, 0.1687, 0.4586]$$
$$B = [0.5173, 0.3996, 0.4062, 0.4490, 0.4540]$$
$$C = [0.2588, 0.6165, 0.4266, 0.6091]$$
$$D = [0.6169, 0.4121, 0.3098, 0.3452, 0.4843]$$
$$E = [0.2437, 0.5709, 0.5767, 0.5311]$$

以上特征值归一化后的权重为

$$W_A = (0.2719, 0.3170, 0.1020, 0.0831, 0.2260)$$
$$W_B = (0.2324, 0.1795, 0.1825, 0.2017, 0.2039)$$
$$W_C = (0.1354, 0.3226, 0.2233, 0.3187)$$
$$W_D = (0.2845, 0.1901, 0.1429, 0.1592, 0.2233)$$
$$W_E = (0.1268, 0.2970, 0.3000, 0.2762)$$

将以上次准则权重分别与准则层的权重相乘，即 $\bar{G}' = ($ 0.1108，0.3842，0.1793，0.1421，0.1836)，获得各个因素指标对总的评价指标的综合权重为

$$\overline{W_A} = (0.0301，0.0351，0.0113，0.0092，0.0251)$$

$$\overline{W_B} = (0.0893，0.0690，0.0701，0.0775，0.0783)$$

$$\overline{W_C} = (0.0243，0.0578，0.0400，0.0572)$$

$$\overline{W_D} = (0.0404，0.0270，0.0203，0.0226，0.0317)$$

$$\overline{W_E} = (0.0233，0.0545，0.0551，0.0507)$$

（5）绿色质量管理体系的评价

由上述指标的综合权重与指标的绩效值，可以获得2001—2005年绿色质量管理体系的平价值，如表6-8所示。

表6-8   2001—2005年绿色质量管理体系有效性评价值

Table 6-8   Evaluation of GQMS of 2001—2005

评价有效性	2001年	2002年	2003年	2004年	2005年
T	0.4410	0.5058	0.6140	0.6747	0.7560
$T(A)$	0.0305	0.0337	0.0365	0.0419	0.0676
$T(B)$	0.1625	0.2131	0.2490	0.2807	0.2983
$T(C)$	0.1389	0.1470	0.1631	0.1692	0.1705
$T(D)$	0.0540	0.0569	0.0901	0.1031	0.1183
$T(E)$	0.0551	0.0551	0.0753	0.0798	0.1013

6.3.3 提高绿色质量管理体系有效性的对策

根据对A公司绿色质量管理体系的网络分析评价，可以看到，按照评价标准，2001年与2002年的评价值处于基本有效状态（0.40～0.60）之间；2003年、2004年、2005年三年的评价值分别0.6140，0.6747，0.7560，处于比较有效的状态，三年的评价值逐年好转，2003年接近比较有效状态，2005年已快要接近非常有效的状态。但从实际的质量指标值来看，很多指标值还很低，企业应该还有发展的潜力。

6.3.3.1 企业绿色质量管理体系状况分析

（1）评价值的变化符合企业适应市场变化的发展状况

2003年开始，A公司比较重视质量管理体系的全面发展，尤其对于环保部分以及资源的循环利用、有效利用的考虑，都较前两年有较大的改进。一方面原因是近几年社会的绿色需求推动，为了适应市场环境的变化，企业在资源

与环保这部分要较从前做得好一些；另一方面原因是 2003 年开始，该企业与外方进行合作，外方对企业的质量体系做了相应的绿色要求。

（2）质量管理体系构成的权重比例相对较为合理

目前绿色质量管理体系的五个过程的权重设置为：产品实现过程为 0.1108，管理过程为 0.3842，支持过程为 0.1793，污染预防与治理为 0.1421，能源与资源利用为 0.1836。所谓相对较为合理，主要是管理的权重要远远高于对产品本身的重视，管理过程的重视，会促进其他各个过程的发展，所以就避免了个别企业因过于重视产品结果而造成权重分配不合理，造成追求结果、不重视过程的片面性，最终导致整体水平的下降。但也有权重不合理设置的倾向，如污染预防与治理的权重为 0.1421，还远不到平均水平，这不符合企业环保的要求，不符合长远发展、可持续发展的要求。

（3）网络分析方法为科学构造指标的权重提供依据

本案例运用网络分析方法确定要素之间的依赖关系，为进一步科学地构造权重提供了依据。多指标的体系评价更多地应用 AHP 方法，但此方法仅仅考虑指标之间的独立关系，忽略了指标之间的交叉关系，事实上，更多的体系指标之间存在相互依赖的依存关系。如在管理过程中质量目标的实现，纠正、预防措施做得好，持续改进的效果极好，顾客满意度就会提高，从而会更有效地保证和提高质量目标的实现。其他次准则层的要素之间也会有这样的依存关系，只是关系的紧密程度可能会有所不同。

6.3.3.2 提高企业绿色质量管理的对策

（1）增加预防污染与治理的权重

从目前公司对 5 个方面的重视度来看，回收部分只能占到接近平均权重的水平，而污染预防与治理还重视得远远不够，只能达到国家或行业的基本标准。据调查，中小企业做得要好一些，因为中小企业要从这一部分要利润，但一些大的企业的资源浪费现象比较严重。所以，无论大小企业，都应加强资源的有效利用，注重环保，不仅对企业自身有利，同时也是对社会承担责任，为整个社会节约资源，减少环境污染。

（2）加强绿色技术改进，降低产品的废品率、超差品率

从 2001—2003 年的废品率、超差品率的指标值可以看到，企业降低二者的有效性为零。分析企业自身的实际环境以及受发展中国家的技术整体水平的制约，与发达国家相比，我们很难达到要求，从 2003 年开始有所好转，其主要的原因是与外商的合作，借鉴发达国家的先进技术。因此，从企业的长远发展看，企业要加强科研力量，不断进行技术改进，企业可以与高等院校联合开发，发展自己的技术，只有这样，企业才会有长足的发展。

（3）实施绿色环保设计，提高资源的循环利用

从指标中可以看到，材料的再循环利用率、水资源的再循环利用率、能源利用率、材料利用率在五年的时间里基本没有大的改善，"三废"的治理状况基本合格，但能源与资源的利用率、节约循环效果都处于较差的状况。事实上，从企业角度出发，这部分完全可以得到进一步的改善，最重要的是绿色QFD设计、控制技术的采用，如产品的下料问题，与外方相比，发达国家注重材料的利用率，原材料基本没有浪费，而我们的利用率很低，有的甚至达不到50%，能源可能达不到30%的利用率，其余的都在过程中浪费掉了，不仅成本高，同时是对国家资源的浪费，因此要求企业真正落实绿色的质量理念，而不仅仅是口头的文件，应加强科研力量，进行技术改进、工艺改进，为提高能源与资源的利用提供手段。

（4）重视绿色供应商评价，把好绿色采购关

面对消费者的绿色消费浪潮，企业特别是大型企业应重视绿色采购并努力实施。目前A公司虽然制订了相应的绿色供应商评价机制和绿色采购策略，并采取了一些绿色供应商评价的手段，但还没能全面做到与绿色供应商的合作，落实得也比较少。采购是生产的开端，所以企业应做好绿色采购的具体实施以及保障工作。

6.4　本章小结

本章以A公司作为实证分析，说明绿色质量管理体系在实际中的运用。

（1）在对A公司现状分析的基础上，阐述了该公司绿色质量管理体系的实施过程，针对绿色采购、绿色制造以及绿色销售服务的主要过程做了详细的阐述，说明绿色质量管理体系在企业的实施。

（2）通过对A公司2001—2005年的指标体系的网络分析，确定了绿色指标体系的各级指标对其上层准则的权重，进一步通过内部指标之间的依存关系的分析，确定了最终指标权重，对该公司的体系进行了评价，针对评价结果分析了原因，进一步提出了改进的对策。

结　论

随着经济的快速增长，人类不得不开始面对越来越严重的资源短缺和环境污染问题。在过去的几十年中，人类在环境保护方面做了大量的工作，并取得了一定的效果，如污染治理、清洁生产等。但这些方法仍然属于末端治理方法，不可能从根本上解决环境问题。绿色质量管理实行绿色质量设计，力争从根本上解决企业中的环境问题。绿色质量设计、绿色制造、绿色回收处置考虑产品质量形成过程中每一环节对周围环境产生的影响。本书在综合国内外现有的质量管理理论、方法的基础上，对绿色质量管理的概念、绿色质量管理体系、绿色质量集成管理与控制以及绿色质量管理体系的评价进行了较为系统的探索与研究，主要结论与创新如下：

（1）在分析国内外质量管理理论研究现状的基础上，提出将可持续发展的相关绿色理论、观点融入传统的全面质量管理之中，建立绿色质量管理理念。企业绿色质量管理是企业将节约、和谐和环保的"绿色"观念融于企业的全面质量管理之中，将绿色质量作为质量战略目标，在传统的全面质量管理的基础上，注重对生命、资源、环境的管理，全员共同参与，承担产品、过程或服务的全生命周期的质量责任，在追求超越传统企业组织范围的经济、社会、资源与环境的大系统的平衡的同时，满足顾客的绿色需求，同时，获得自身可持续的发展。绿色质量管理吸收了全面质量管理的精华，同时弥补了全面质量管理忽略环境保护与有效利用资源的不足。企业实施绿色质量管理能够满足可持续发展的需要。

（2）在对质量管理体系基本理论分析的基础上，提出了绿色质量管理体系构建的理想模式。绿色质量管理体系的建立是基于绿色质量管理的和谐、健康、环境保护的绿色理念建立起来的质量管理体系，在全面质量管理的基础上，充分考虑包括顾客、社会、环境在内的所有相关方的利益，是一种将绿色质量思想、绿色质量战略融于传统质量管理体系的体系模式。绿色质量管理体系的理想模式反映了现实可持续发展的需要，体现了最新的质量管理思想和方法，是动态的、发展的，并能够不断创新完善质量管理的过程方法和理论，同时也能为企业实施绿色质量管理提供借鉴与指导。

（3）在传统质量体系集成控制的基础上，总结和分析了集成质量管理的相关研究，提出了绿色质量集成管理与控制模式以及基于绿色 QFD 的集成控制技术。绿色质量集成控制模式将处于纵向集成的绿色管理层与处于横向集成的物流过程有机地结合起来，对于纵向集成，强调将绿色质量管理思想和方法在管理层之间的集成，过程集成强调了信息流在企业内部与外部之间的循环传递过程，该集成模式体现了绿色过程集成的特征，为企业实施绿色化的集成控制提供了借鉴；在绿色集成控制的基础上，提出了基于绿色 QFD 的过程产品概念设计，以及基于绿色 QFD 与 SPC 的过程控制方法和技术，真实体现了绿色产品的设计理念和绿色集成的控制方法，完善了传统的设计与控制理论，为企业实施绿色集成设计与控制提供了方法与手段。

（4）在结合真实企业质量管理指标体系分析的基础上，提出了适合加工制造企业的绿色质量指标体系结构。该指标体系结构借鉴了理论的指标体系结构，在此基础上结合企业真实的考核指标，构建了具有实用性的指标体系。在传统的质量管理体系管理评审的定性评价及运用模糊层次评价理论的模糊评价的基础上，运用网络分析（ANP）法对绿色质量管理体系进行了综合评价。ANP 法适合指标间具有多重交叉关系的质量管理体系的评价，通过一一比较指标集合内部的依存关系以及上下层之间的关系，确定指标的权重，更能真实地反映各级指标对总指标的影响程度。

（5）以典型的加工制造业公司为案例，将本书提出的主要理论与方法进行了实证研究，对所提出的理论和方法进行了检验，运用网络分析法对公司的质量体系进行了评价并对结果进行了分析，指出过程中的薄弱环节，提出了改进体系的对策。绿色质量管理体系在真实企业的运用中，通过产品实现的绿色过程的实施，说明绿色质量管理体系的可操作性较强，可以为企业提供体系构建的平台，对企业实施绿色化的质量管理提供理论和理想的模式借鉴。

本书对绿色质量管理的研究丰富和完善了全面质量管理理论，为企业实施绿色质量管理提供了理论基础和实现途径，具有重要的理论与实践意义。绿色质量管理的研究是一个全新的课题，涉及因素众多、相互关系复杂，本书仅是对该理论下的体系构建与过程控制内容进行了有重点的探索性研究。今后仍有许多工作有待进一步深入研究，如：① 不同企业类型在实施绿色质量管理过程中如何分析体系特征以及指标体系的结构特征；② 如何更好地实现企业间的绿色合作过程，这里可能会涉及产品的种类问题、行业问题和地域问题；③ 如何建立自我约束的绿色质量管理过程；④ 研究绿色质量管理的成本效益分析模式。

参考文献

[1]　Shrivastava Paul. The role of corporations in achieving ecological sustainability [J]. The Academy of Management Review,1995,20(4):936-960.

[2]　EIA. Country Analysis Briefs[EB/OL]. [2004-02-18]. http//www. eia. doe. gov/emeu/cabs/China. html.

[3]　WCED (World Commission on Environment and Development). Our Common Future[M]. Oxford:Oxford University Press,1987.

[4]　杜丽群. 资源、环境与可持续发展[J]. 北京大学学报（哲学社会科学版）,2003,40(3):117-123.

[5]　陈国权,王斌,陈玉祥. 面向可持续发展的企业环境分析与经营管理框架[J]. 清华大学学报（哲学社会科学版）,1998,13(4):58-65.

[6]　李静江. 企业绿色经营[M]. 北京:清华大学出版社,2006:2-40.

[7]　杨代友. 企业绿色竞争力研究[D]. 上海:复旦大学,2004:2.

[8]　R Züst,G Caduff,B Schumacher. Life-cycle modelling as an instrument for life-cycle engineering[J]. Cirp Annals-Manufacturing Technology,1997,46 (1):351-354.

[9]　Chialin Chen. Design for the environment:a quality-based model for green product development[J]. Management Science,2001,47(2):250-263.

[10]　Robert C Szaro,William T Sexton,Charles R Malone. The emergence of ecosystem management as a tool for meeting people's needs and sustaining ecosystems[J]. Landscape and Urban Planning,1998,40(1/2/3):1-7.

[11]　Thomas N Gladwin,James J Kennelly. Shifting paradigms for sustainable development:implications for management theory and research[J]. Academy of Management,1995,20(4):874-907.

[12]　刘承伟,何晓建. 绿色管理:企业实现可持续发展的新战略[J]. 科学与管理,2004,24(3):40-41.

[13]　付维宁. 绿色管理与企业可持续发展[J]. 大连理工大学学报（社会科学版）,2003,24(3):57-61.

[14] 徐建中,吴彦艳. 绿色管理的理论研究[J]. 商业研究,2004(6):48-50.

[15] 刘丽. 论可持续发展意义下的质量管理[J]. 科学与社会,1996(1):33-36.

[16] Richard Reed,David J Lemak,Neal P Mero. Total quality management and sustainable competitive advantage[J]. Journal of Quality Management,2000, 5(1):5-26.

[17] Christian N Madu. Achieving competitive advantage through quality and environmenttal management[J]. Environment Quality Management,2004,14 (2):59-76.

[18] Brian P Mathews,Akiko Ueno,Tauno Kekale,et al. Quality training:needs and evaluation-findings from a European survey [J]. Total Quality Management,2001(4):483-490.

[19] Chin K S E,Pun K F,Hua H M. Consolidation of China's quality transformation efforts:a review [J]. International Journal of Quality & Reliability Management,2001,18(8):836-853.

[20] 陈启杰. 可持续发展与绿色营销研究[D]. 厦门:厦门大学,2001:9-10.

[21] 张亚雷,顾国维. 绿色技术与可持续发展[J]. 中国人口·资源与环境, 1997(3):35-38.

[22] 李巍,杨志峰,张远. 清洁生产与 ISO 14000 系列环境管理标准辨析[J]. 北京师范大学学报 (自然科学版),1999,35(1):127-131.

[23] 汪应洛,刘旭. 清洁生产[M]. 北京:机械工业出版社,1998.

[24] Shrivastava Paul. The role of corporations in achieving ecological sustainability [J]. The Academy of Management Review,1995,20(4):936-960.

[25] Christian N Madu. A decision support framework for environmental planning in developing countries[J]. Journal of Environmental Planning Management, 1999,42(3):287-313.

[26] Joseph Sarkis. Evaluating environmentally conscious business practices[J]. European Journal of Operational Research,1998,107(1):159-174.

[27] 苏秦,郭涛. 企业质量环境综合体系的建立及其演化[J]. 中国软科学, 2001(8):70-74.

[28] Kostas N Dervitsiotis. Emerging elements of a world view for sustainable quality[J]. Total Quality Management,2001,12(7/8):817-824.

[29] Qinghua Zhu,Joseph Sarkis. The link between quality management and environmental management in firms of differing size:an analysis of organizations in China [J]. Environmental Quality Management,2004,13 (3):53-64.

[30] 方梅,熊拥军,王剑秋,等. 建筑工程生态质量管理模式研究[J]. 武汉理工大学学报（信息与管理工程版）,2006,28(6):92-95.

[31] 李攀辉,韩福荣. 生态质量控制、TQM 和清洁生产[J]. 北京工业大学学报（社会科学版）,2004,4(1):27-9.

[32] 王虹,韩福荣. 质量生态学研究[J]. 生态质量管理系统评价,2005(7):27-31.

[33] 韩福荣. 论生态质量管理[J]. 世界标准化与质量管理,2000(11):7-12.

[34] 韩福荣. 质量生态学研究（1）[J]. 世界标准化与质量管理,2005,3(3):4-6.

[35] 章帆,韩福荣. 质量生态学研究（2）[J]. 世界标准化与质量管理,2005(4):29-32.

[36] 楼园,韩福荣. 质量生态学研究（3）[J]. 世界标准化与质量管理,2005(5):9-12.

[37] 程灏. 现代企业管理中的质量工程[J]. 经济师,2001(5):105-106.

[38] Christian N Madu, Chu-Hua Kuei. Strategic Total Quality Management-Transformation Process Overview[J]. Total Quality Management,1994(5):255-266.

[39] Christian N Madu, Chu-Hua Kuei, Dena Winokur. Environment Quality Planning[J]. Butterworth Heinemann,1995(27):839-856.

[40] Jan Jonker. Organizations as Responsible Contreibutors to Society:Linking Quality,Sustainability and Accountability[J]. Total Quality Management,2000(11):741-746.

[41] Rickard Garvare, Raine Isaksson. Sustainable Development:Extending the Scope of Business Excellence Models[J]. Measuring Business Excellence,2001,5(3):11-15.

[42] Jeronimo de Burgos, Jimenez, Jose J Cespedes Lorente. Environmental Performance as an Opertions Objective [J]. International Journal of Operations production Management; Bradford,2001(21):1553-1572.

[43] 王波. 在精益生产和全面质量管理视角下重新审视清洁生产[J]. 同济大学学报,2004(6):23-26.

[44] 张长元. 可持续发展对全面质量管理的挑战[J]. 世界标准化与质量管理,2000(4):10-11.

[45] 杜兰英,张赞. WTO 下的绿色壁垒与企业绿色质量竞争力[J]. 中国质量,2002(4):27-29.

[46] 刘国珍. 绿色背景下的企业质量管理[J]. 城市技术监督,2001(2):41-42.

［47］ 徐鲁君. 我国企业如何从 ISO9001 到 ISO14001［J］. 企业标准化,2000
(3):8-11.

［48］ 张剑青. 实现 ISO9000 与 ISO14000 一体化:21 世纪中国企业取得双认证
的最佳选择［J］. 企业标准化,2000(2):23-25.

［49］ Wilson, Robert C. Basics on Integrating ISO14000 and ISO9000［J］.
Pollution Engineering,2001(9):30-32.

［50］ 丰世林. 质量管理体系有效性综合评价的研究与实现［J］. 现代制造工
程,2006(6):29-31.

［51］ 钟劲硅,奚旦立. 环境和质量管理体系一体化的基本方法和实质［J］. 环
境科学与技术,2006(8):61-63.

［52］ 付海湘. 建立 ISO 14001/ISO 9001 一体化管理体系［J］. 环境技术,2001
(3):24-25.

［53］ 田武. 一体化管理体系标准［J］. 世界标准化与质量管理,2005(6):31-33.

［54］ Renzi M F, Cappelli L. Integration Between ISO9000 and ISO14000:
Opportunities and Limits［J］. Total Quality Management,2000(11):849-
856.

［55］ 李茂龄. 关于实施管理体系一体化的探讨［J］. 中国职业安全卫生管理
体系认证,2003(1):40-41.

［56］ 杨德礼,郭琼,徐伟亚. 试论管理体系一体化［J］. 大连理工大学学报
(社会科学版),2005(3):21-25.

［57］ 杜学美. 试论一体化管理体系的概念及其实现的必要性与可行性［J］.
上海管理科学,2003(6):12-13.

［58］ 肖启鹏,徐明. 质量、环境和职业健康安全:一体化管理体系探析［J］. 世
界标准化与质量管理,2003(9):7-11.

［59］ 苏海涛. 基于质量信息技术集成的"全质量"管理系统模型研究［D］.
合肥:合肥工业大学,2006:3-4.

［60］ 段桂江,唐晓青. 基于过程方法的制造企业质量管理系统模型研究［J］.
中国机械工程,2005(24):2207-2211.

［61］ 宋允辉,丁秋林. 集成质量管理［J］. 小型微型计算机系,2004(4):781-
784.

［62］ 李奔波等. 支持 ISO9000 质量管理体系的集成质量系统设计与实现［J］.
包装工程,2004(4):55-57.

［63］ 罗书强,张建勋,何玉林. 基于客户/服务器模式的集成质量系统的研究
与开发［J］. 计算机工程与应用,2000(12):6-8.

［64］ 段桂江,唐晓青,汪叔淳. 面向现代制造企业的集成质量系统模型［J］.

中国机械工程,1999(3):292-294.

[65] Saraph J V,Benson P C,Schroeder R G. An Instrument for Measuring the Critical Factors of Quality Management[J]. Decision Sciences,1999(20):810-829.

[66] Flynn B B,Schroeder R G,Sakakibara S. A framework for Quality Management Research and an Associated Measurement Instrument[J]. Journal of Operations Management,1994(11):339-366.

[67] Anderson J C,Rungtusanathan M,Schroeder R G,et al. A Theory of Quality Management Underlying the Deming Management Method[J]. The Academy of Management Review,1994(19):472-509.

[68] Ahire E,Golhar D Y,Waller M A. Development and validation of TQM Implementation Constructs[J]. Decision Science,1996(5):23-56.

[69] 汪如洋,朱文元. AHP法在质量体系定量评价中的应用[J]. 世界标准化与质量管理,1999(5):34-36.

[70] 卓德堡,陈良猷. 质量评价及其模型研究[J]. 北京航空航天大学学报,2000(4):14-16.

[71] 金国强. 上海企业质量管理现状及其展望[J]. 电子质量,2000(11):44-50.

[72] 傅建三. 质量管理的定量评价方法[J]. 建筑机械化,2001(9):11-13.

[73] 王仁鹏,胡宗武,金国强. 质量管理结构模型研究中的路径分析[J]. 工业工程与管理,2002(4):41-45.

[74] 苏强,陈剑. 质量管理层次结构模型[J]. 清华大学学报（自然科学版）,1999(10):124-127.

[75] 顾国维. 绿色技术及其应用[M]. 上海:同济大学出版社,1999.

[76] 罗一新,廖巍. 关于全面绿色管理（TGM）的研究[J]. 技术经济,2003(5):3-4.

[77] 黄志斌,朱孝忠,李祖永. 绿色管理内涵拓展及其目标设计[J]. 软科学,2004,18(5):71-74.

[78] 王能民,孙林岩,汪应洛. 绿色供应链管理[M]. 北京:清华大学出版社,2005.

[79] 刘梅,李曦,刘明培. 中国绿色食品经济发展动力机制研究[J]. 中国人口·资源与环境,2004(1):45-48.

[80] 张少玲,李威灵. ISO9001—2000质量管理体系标准图解教程[M]. 广州:广东经济出版社,2001:35-40.

[81] 杨阳. 零缺陷管理的实施[J]. 企业改革与管理,2004(3):50-51.

［82］ 奚立峰,宋玉红,潘尔顺,等. 零缺陷质量管理思想的应用与实践［J］. 工业工程与管理,2003(1):5-10.

［83］ 王立彦,林小池. ISO14000 环境管理认证与企业价值增长［J］. 经济科学,2006(3):97-105.

［84］ 李保红,吕廷杰. 从产品生命周期理论到标准的生命周期理论［J］. 世界标准化与质量管理,2005(9):12-14.

［85］ Ellis Lynn Cook. Integration of total quality management with a project management approach for capital projects［D］. College Station:Texas A&M University,1997:12.

［86］ 岑詠霆. 质量管理教程［M］. 上海:复旦大学出版社,2006:121.

［87］ Early J F,Godfrey A B. But it takes too long［J］. Quality Progress,1995,28(7):51-55.

［88］ Barry T J. Management excellence through quality［M］. Milwaukee:ASQC Quality Press,1991.

［89］ Brocka B,Brocka M S. Quality management:implementing the best ideas of the masters［M］. Boston:Business One Homewood,IL,1992.

［90］ Dean James W, David E Bowen. Management theory and total quality:improving research and practice through theory development［J］. Academy of Management Review,1994(19):392-418.

［91］ Saylor,James H. TQM simplified:a practical guide［M］. 2nd ed.

［92］ Flynn Barbara B, Roger G Schroeder, Sadao Sakakibara. A frame work for quality,management research and an associated measurement instrument［J］. Journal of Operations Management,1994(11):339-366.

［93］ Evans James R,William M Lindsay. The management and control of quality［M］. Paul:West Publishing Company,1993:317-338.

［94］ Dahlgaard Jens J, Kai Kristensen, Gopal K Kanji. Fundamentals of total quality management［M］. London,New York:Chapman & Hall,1998.

［95］ J P Ulhoi, H Madsen, S Hildebrandt. Green new world:a corporate environmental business perspective ［J］. Scandinavian Journal of Management,1996,12(3):243-254.

［96］ 加勒特·哈丁. 生活在极限之内:生态学、经济学和人口学禁忌［M］. 戴星冀,张真,译. 上海:上海译文出版社,1999:23-27.

［97］ 斯蒂芬·博尔托兹基. 创造环保型企业价值［M］. 孙海龙,译.北京:机械工业出版社,2002:4-5.

［98］ Mohan Munasinghe. Is environmental degradation an inevitable consequence of economic growth:tunneling though the environmental Kuznets curve[J]. Ecological Economics,1999(29):89-109.

[99] Sal Kukalis,Philip S Chong,Amr Mortagy. How does American top management view productivity[J]. Total Quality Management,1993,4(2):127-133.

[100] Fischer K,Schot J. Environmental strategies for industry[M]. Washington:Island Press,1993.

[101] Tilt C. Frameworks for assessing business response to the environment:a critical review[J]. Finance and Management Research Paper (Flinders University of South Australia Accounting),1994(4):9.

[102] Klassen R D,McLaughlin C P. The impact of environmental management on firm performance[J]. Management Science,1996,42(8):1199-1214.

[103] Wu Haw-Jan,Dunn Steven C. Environmentally responsible logistics system [J]. International Journal of Physical Distribution and Logistics Management,1997,25(2):20-38.

[104] 荆艳峰. 绿色消费的新浪潮[J]. 生态经济,2002(7):66-67.

[105] 张云,孙宝辉,樊沙玉,等. 管理过程应用实例[J]. 新疆钢铁,2002(3):49-55.

[106] 徐大伟. 企业绿色合作的机制分析与绩效测度[D]. 大连:大连理工大学,2005:22-35.

[107] 荆艳峰. 绿色消费的新浪潮[J]. 生态经济,2002(7):66-67.

[108] 李春田. 环境与标准紧密相连[J]. 中国标准化,2002(4):12-13.

[109] 薛福连. 企业管理目标"零"[J]. 经营与管理,2004(11):29-30.

[110] 王志军,林巧俭. 走进"零缺陷"管理[J]. 质量与可靠性,2002(3):41-42.

[111] 黄海歌. 零缺陷管理与技术标准[J]. 企业改革与管理,2003(5):21-23.

[112] Gordon Michael,Pathak Praveen. Finding information on the World Wide Web:the retrieval effectiveness of search engines[J]. Information Processing & Management,1999,35(2):141-180.

[113] Chen Chen-Tung, Tai Wei-Shen. An information push-delivery system design for personal information service on the Internet[J]. Information Processing and Management,2003,39(6):873-888.

[114] 曹旭峰,杨世元. 质量信息获取新理论和新方法[J]. 中国质量,2002(12):4-7.

[115] 张树瑜,杨斌,朱仲英. 基于Web的智能信息获取研究[J]. 微型电脑应用,2003,19(5):14-16.

［116］　Y Zhang，H P Wang，C Zhang. Green QFD-Ⅱ：a life cycle approach for environmentally conscious manufacturing by integrating LCA and LCC into QFD matrices［J］. International Journal of Production Research，1999（5）：1075-1091.

［117］　王家青，高全杰，吴小珍. 绿色 QFD 在静电涂油机设计开发中的应用［J］. 组合机床与自动化加工技术，2006（11）：24-26.

［118］　Sullivan L P. Quality function deployment［J］. Quality Progress，1986（6）：39-50.

［119］　李方义. 机电产品绿色设计若干关键技术的研究［D］. 北京：清华大学，2002：95-97.

［120］　陈晓川. 并行工程中面向成本的设计的理论与方法研究［D］. 大连：大连理工大学，2000：12.

［121］　刘小兵，蒋柏泉，王伟. 环境生物技术在"三废"治理中的应用［J］. 江西化工，2003（3）：8-10.

［122］　龙爱翔. 浅议中国物流发展与绿色物流［J］. 企业经济，2005（6）：55-56.

［123］　徐大伟，王子彦，谢彩霞. 工业共生体的企业链接关系的分析比较［J］. 工业技术经济，2005（2）：63-66.

［124］　朱竹林，刘志迎. 企业绿色经营模式探析［J］. 合肥工业大学学报，1999（3）：23-24.

［125］　丰世林，黄忠全，张根宝，等. 质量管理体系运行有效性的模糊综合评价［J］. 管理技术，2004（2）：89-91.

［126］　丰世林，黄忠全，张根宝，等. 基于质量管理体系运行有效性的评价指标体系研究［J］. 组合机床与自动化加工技术，2004（5）：10-11，17.

［127］　柯昌英，黎志成. 中小企业组织管理评审中模糊综合评价模型［J］. 中国地质大学学报（社会科学版），2003，3（4）：35-37.

［128］　万举勇. 机电产品全生命周期环境管理体系及关键技术研究［D］. 合肥：合肥工业大学，2006：78-80.

［129］　Saaty T L. Decision making with dependence and feedback［M］. Pittsburgh：RWS Publication，1996：10-65.

［130］　Saaty T L. Decision making the analytic hierarchy and network processes（AHP/ANP）［J］. Journal of Systems Science and Systems Engineering，2004，13（1）：1-35.

［131］　杜栋，庞庆华. 现代综合评价方法与案例精选［M］. 北京：清华大学出版社，2005：9-61.

附　录

基于 ISO9001:2015 版质量管理的基本原则

1　质量管理原则的变化

新版 ISO9001:2015 标准修订过程中对"质量管理原则"进行了评审，对其质量管理原则进行了修改，由 ISO9001:2008 版的一个中心（持续改进）、两个基本点（内部 2 个基本点：领导作用与全员参与，外部 2 个基本点：以顾客为关注焦点与互利的供方关系）及三种方法（过程方法、管理的系统方法及基于事实的决策方法）演变成一个中心（持续改进）、两个基本点（内部 2 个基本点：领导作用与全员参与，外部 2 个基本点：以顾客为关注焦点与关系管理）及两种方法（过程方法及基于事实的决策方法）。新版的 ISO9001:2015 版质量管理原则也变成了七项原则[①]。具体更改内容如图 1 所示。

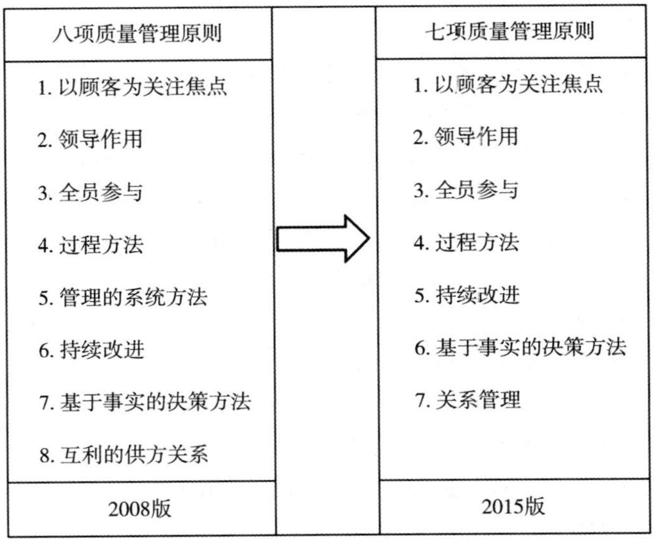

八项质量管理原则		七项质量管理原则
1. 以顾客为关注焦点		1. 以顾客为关注焦点
2. 领导作用		2. 领导作用
3. 全员参与		3. 全员参与
4. 过程方法	⇒	4. 过程方法
5. 管理的系统方法		5. 持续改进
6. 持续改进		6. 基于事实的决策方法
7. 基于事实的决策方法		7. 关系管理
8. 互利的供方关系		
2008版		2015版

图 1　质量管理原则的变化对比图

---

①戚维明. 卓越绩效评价准则实务[M]. 2 版. 北京:中国质检出版社,2012:28-260.
　　中国认证认可协会. 质量管理体系审核员 2015 版标准转换培训教材[M]. 北京:中国质检出版社,2015:66-154.

2 以顾客为关注焦点

2.1 理解要点

质量管理的主要关注点是满足顾客的要求并努力超越顾客期望。

2.2 理论依据

组织只有赢得了顾客和其他相关方的信任才能获得持续成功。与顾客相互作用的每个方面，都提供了为顾客提供更多价值的机会。理解顾客和其他相关方当前和未来的需求，有助于组织的持续成功。

2.3 主要收益

坚持以顾客为关注焦点的基本原则，可以为组织带来以下可能的收益：

（1）增加顾客价值

组织在为顾客创造价值过程中才能实现过程增值和组织的经营效益。顾客从组织所提供的产品和服务，包括过程中获得价值。顾客所获得的价值越多，就越青睐组织所提供的产品和服务，包括过程。

（2）提高顾客满意

组织通过实现顾客对产品和服务不断变化的要求或个性需求，增加顾客对组织以及组织所提供的产品和服务的感知价值，进而提高了顾客满意度。

（3）增进顾客忠诚

顾客忠诚度是指顾客对组织以及组织的产品和服务产生情感，形成偏爱并长期重复购买该组织的产品和服务的程度。

（4）增加重复性业务

当组织把以顾客为关注焦点的意识植根于每位员工的心志之中，贯彻到过程的运行以及生产和服务的提供活动中，就会有效和高效地实现顾客要求，得到顾客的青睐，增加回头生意或顾客重复性购买组织的产品和服务。

（5）提高组织的声誉

以顾客为关注焦点需要组织的各级管理者认真履行质量承诺，持续进行过程、产品和服务改进，满足顾客要求。顾客在享用组织提供的产品和服务的过程中，不断加深对组织的了解和认知，提升组织的声誉和组织的品牌价格。

（6）扩展顾客群

持续稳定地向顾客提供合格的产品和服务，才能减少顾客流失，夯实顾客基础，促进众多的潜在顾客和竞争对手的顾客成为组织的顾客，扩展顾客群。

（7）增加收入和市场份额

质量是品牌的基石，优秀的品质可以提升品牌价值，增加品牌的溢价能力，同时也可以将竞争对手的顾客转化为组织的顾客，增加利润和市场占有率。

2.4　可开展的活动

——了解从组织获得价值的直接和间接的顾客；

——了解顾客当前和未来的需求和期望；

——将组织的目标与顾客的需求和期望联系起来；

——将顾客的需求和期望，在整个组织内予以沟通；

——为满足顾客的需求和期望，对产品服务进行策划、设计、开发、生产、交付和支持；

——测量和监视顾客满意度，并采取适当措施；

——确定有可能影响到顾客满意度的相关方的需求和期望，确定并采取措施；

——积极管理与顾客的关系，以实现持续成功。

3　领导作用

3.1　理解要点

各层领导建立统一的宗旨和方向，并且创造全员参与的条件，以实现组织的质量目标。

3.2　理论依据

统一的宗旨和方向，以及全员参与，能够使组织将战略、方针、过程和资源保持一致，以实现其目标。

3.3　主要收益

（1）提高实现组织质量目标的有效性和效率

组织发展如果缺乏统一的方向，则可能陷入无序的紊乱状态。组织需要做的事情很多，但毕竟受到自有资源条件的限制。应识别当期与组织宗旨和发展方向相一致的事项和活动，利用有限的资源通过过程运行实现当期与组织发展方向和质量目标紧密相关的事项，提升效率和增加效果。

（2）组织的过程更加协调

组织的发展方向确定了，也就确定了质量管理体系和过程运行的方向。所有与发展方向和质量目标相背离的过程和活动均应得到优化和整合，这样就改善了组织过程的协调性。

（3）改善组织各层次、各职能间的沟通

依据组织统一宗旨和方向确定的质量目标，就是组织过程运行活动的一条主线，也是组织各层级和职能间沟通的主要事项和主题。通过质量目标将组织各层级和岗位的活动关联起来，改善组织各层级与职能间的沟通。

（4）开发和提高组织及其人员的能力，以获得期望的结果

组织通过获取和分享相关知识、实施教育和培训改善员工的能力，围绕质量目标进行相关的质量意识教育，进而创造条件使全员参与实现组织的质量目标。

3.4 可开展的活动

——在整个组织内，就其使命、愿景、战略、方针和过程进行沟通；

——在组织的所有层次创建并保持共同的价值观和公平道德的行为模式；

——培育诚信和正直的文化；

——鼓励在整个组织范围内履行对质量的承诺；

——确保各级领导者成为组织人员中的实际楷模；

——为组织人员提供履行职责所需的资源、培训和权限；

——激发、鼓励和表彰员工的贡献。

4 全员参与

4.1 理解要点

整个组织内各级人员的胜任、授权和参与，是提高组织创造价值和提供价值能力的必要条件。

4.2 理论依据

为了有效和高效地管理组织，各级人员得到尊重并参与其中是极其重要的。通过表彰、授权和提高能力，促进在实现组织的质量目标过程中的全员参与。

4.3　主要收益

（1）通过组织内人员对质量目标的深入理解和内在动力的激发以实现其目标

通过员工主动参与管理和实现目标的活动，增进员工对影响质量目标各种因素的了解，进而激发其对实现目标的兴趣，使之转化为线下质量目标的动力。

（2）在改进活动中，提高人员的参与程度

引导员工参与管理和过程优化，通过适当的激励措施，培养员工对参与改进活动的积极性，通过必要的培训让员工掌握诸如 PDCA、5S、QC 小组活动的新老七种工具、标准作业、TPM、A3 报告、目视管理、价值流程图、TW1、一点课程等改善工具，增加员工对改善活动的兴趣。

（3）促进个人发展、主动性和创造力

引导员工积极参与管理和改善活动，使员工从参与中不断获得知识和乐趣，有利于提升员工个人的发展能力、主动性和创造性。

（4）提高员工的满意度

员工满意度直接影响到顾客满意。通常情况下，员工满意度每降低 3 个百分点，顾客满意度将降低 5 个百分点。全员积极参与管理和改善活动，可以使员工的能力和个人价值得到认证，员工的精神需求得到充分满足，这将有利于增加员工满意度。

（5）增强整个组织的信任和协作

全员参与，包括组建跨岗位和跨部门的联合工作小组，通过相互协作和配合可以增进整个组织的信任度和合作程度。

（6）促进整个组织对共同价值观和文化的关注

通过全员参与，可以促进进一步理解、认同和践行组织的质量价值观，烘托组织的质量文化氛围，丰富组织的文化内涵，进而增加整个组织共同的价值观和文化的注意力。

4.4　可开展的活动

——与人员沟通，以增进他们对个人贡献的重要性的认识；

——促进整个组织的协作；

——提倡公开讨论，分享知识和经验；

——让员工确定工作中的制约因素，毫不犹豫地主动参与；

——赞赏和表彰员工的贡献、钻研精神和进步；

——针对个人目标进行绩效的自我评价；

——为评估员工的满意度和沟通结果进行调查，并采取适当的措施。

5　过程方法

5.1　理解要点

当活动被作为相互关联的功能连贯过程进行系统管理时，可始终更加有效和高效地得到预期的结果。

5.2　理论依据

质量管理体系是由相互关联的过程组成的。理解体系是如何产生结果的，能够使组织尽可能地完善其体系和绩效。

5.3　主要收益

（1）提高关注关键过程和改进机会的能力

质量管理体系是由若干过程构成的，包括增值过程和非增值过程。组织应识别和致力于关键的增值过程的改进机会，减少过程流转中可能的浪费，提高过程运行的效率，以及实现其预期结果的能力。

（2）通过协调一致的过程体系，始终得到预期的结果

通过合理和均衡有序的过程组合，并按照确定的运行规则有节奏地运行，就会获得一致性的和预期的结果。

（3）通过过程的有效管理、资源的高效利用及职能交叉障碍的减少，尽可能提升其绩效

组织应定期对流程进行适当的优化、重组或再设计，减少流程中不增值的过程、重复运行的过程和运行步骤，或对过程进行重新组合，减少职能的交叉，提高过程运行效率，进而优化组织的整体绩效。

（4）使组织能够向相关方提供关于其一致性、有效性和效率方面的信任

科学合理的流程展现给利益相关方的是一组管理有序、快捷有效和高效运行的系统，增加了顾客和有关的相关方对组织的信心，同时，也给有关的相关方提供了一组一致性、有效性和高效率的证据。

5.4　可开展的活动

——确定体系和过程需要达到的目标；

——为管理过程确定职责、权限和义务；

——了解组织的能力，事先确定资源约束条件；

——确定过程相互依赖的关系，分析个别过程的变更对整个体系的影响；

——对体系的过程及其相互关系继续管理，有效和高效地实现组织的质量目标；

——确保获得过程运行和改进的必要信息，并监视、分析和评价整个体系的绩效；

——对能影响过程输出和质量管理体系整个结果的风险进行管理。

6 持续改进

6.1 理解要点

成功的组织总是致力于持续改进。

6.2 理论依据

改进对于组织保持当前的业绩水平，对其内、外部条件的变化做出反应并创造新的机会都是非常必要的。

6.3 主要收益

（1）改进过程绩效、组织能力和顾客满意度

改进过程绩效和组织能力，首先需要提升所有人员的能力。组织可通过知识管理，确保相关人员及时获得和更新知识，将知识转化为人员的智慧，确定实施改进的重点和区域，通过实施创新，提升组织能力，不断改进过程绩效，以及产品和服务绩效，进而增强顾客满意。

（2）增强对调查和确定基本原因以及后续的预防和纠正措施的关注

组织应注重培养人员的问题意识和解决问题的意识。针对已经产生或可能产生的影响组织实现预期输出，或影响顾客满意的不合格问题，一定要尽可能进行调查，查找根本原因，针对其原因和潜在原因实施纠正措施或预防措施。组织应关注纠正或预防措施的实施效果，建立跟踪机制，针对已经实施的纠正措施或预防措施的非预期的效果，需再次进行原因分析，制订和实施更新或新的纠正或预防措施。

（3）提高对内外部的风险和机会的预测及反应能力

组织在保持对内、外部环境变化的敏感性的同时，应积极收集市场信息，

适时做出组织环境中影响因素变化趋势的预测，根据预测调整组织发展战略。

（4）增加对增长性和突破性改进的考虑

组织在实施改进过程中，不仅需要注重形式的量变型改进，诸如流程的整合，活动的减少，也应注重质变型的改进，诸如创新产品和服务结构，开发适应新的客户群的新的产品和服务项目等。组织也可通过变革带动或增加其内部活力。

（5）通过加强学习实现改进

知识可以改变命运。但对一个组织而言，只有与组织的产品和服务，或与质量管理体系和过程运行有关的知识被员工掌握后才能形成员工的智慧和创造力，才能不断推陈出新地开发出更多适用于顾客需求和期望的产品和服务。组织应将培训视为一项重要的活动，积极营造人员学习的氛围，激励人员学习知识，并将所学的知识用于创新和改进。

（6）增强改革的动力

创新是在原有资源的基础上，通过资源的再配置、再整合（改进），进而提高（增加）现有价值的一种手段。创新是实现或重新分配价值的，新的或变化的客体。创新是以新思维、新发明和新描述为特征的一种概念化过程。组织只有通过转变观念，树立全员创新意识，重视创新队伍建设，构建创新机制和创新的激励机制，增强创新的驱动，才能激发更多的人员投入到创新活动之中。

6.4　可开展的活动

——促进在组织的所有层次建立改进目标；

——对各层次的员工进行培训，使其懂得如何让应用基本工具和方法实现改进目标；

——确保员工有能力成功地制订和完成改进项目；

——开发和部署整个组织实施的改进项目；

——跟踪、评审和审核改进项目的计划、实施、完成和结果；

——将新产品开发或产品、服务和过程的更改都纳入到改进中予以考虑；

——赞赏和表彰改进。

7　基于事实的决策方法（循证决策）

7.1　理解要点

基于数据和信息的分析和评价的决策更有可能产生期望的结果。

7.2　理论依据

决策通常是一个复杂的过程，并且总是包含一些不确定因素。它经常涉及多种类型和来源的输入及其解释，而这些解释可能是主观的。重要的是理解因果关系和潜在的非预期后果。对事实、证据和数据的分析可导致决策更加客观，因而更有信心。

7.3　主要收益

（1）改进决策过程

决策输出质量取决于决策输入的充分性和正确性，以及决策活动的合理性。决策的有效性和可执行性不仅取决于决策流程中数据和信息的输入质量，还取决于决策效率。决策效率取决于决策流程规定的合理性和科学性，组织只有建立和保持并不断优化决策流程，才能确保决策输出的质量和决策效率。

（2）改进对实现目标的过程绩效和能力的评估

循证决策可以使过程绩效评价结果更为客观真实，使得组织更容易识别出影响组织目标实现的关键因素和活动，改进组织对过程绩效和实现质量目的的能力的评估。

（3）改进运行的有效性和效率

循证决策使决策输出变得更具有可执行性，改进了组织的质量管理体系和过程的运行效率和效率。

（4）增加评审、挑战以及改变意见和决策的能力

循证决策的思维可以使领导者养成一种习惯，既不能轻易决策，也不能在决策过程中优柔寡断，同时，善于修正错误、发现任何决策的不适应以及时进行变更，这不仅提高了组织评审、挑战和变更意义的能力，也提高了管理者的决策能力。

（5）增加证实以往决策有效性的能力

对决策输出的跟踪，及时总结经验和教训，有利于减少或及时变更不当决策，修正决策失误，在修正中不断提高管理者的决策能力。循证决策思维和过程提高了管理者证明过去的决策有效性的能力。

7.4　可开展的活动

　　——确定、测量和监视证实组织绩效的关键指标；
　　——使相关人员能够获得所需的全部数据；
　　——确保数据和信息足够准确、可靠和安全；

——使用适宜的方法对数据和信息进行分析和评价；

——确保人员对分析和评价所需的数据是胜任的；

——依据证据，权衡经验和直觉进行决策并采取措施。

8　关系管理

8.1　理解要点

为了持续成功，组织需要管理与供方等相关方的关系。

8.2　理论依据

相关方影响组织的绩效。组织管理与所有相关方的关系，以最大限度发挥其在组织绩效方面的作用。对供方及合作伙伴的关系网的管理是非常重要的。

8.3　主要收益

（1）通过对每一个与相关方有关的机会和限制的响应，提高组织及其相关方的绩效

组织应对相关方进行细分，不同的相关方可能给组织发展带来不一样的机遇，识别每一相关方对组织发展有利和不利的因素，并进行分类管理显得格外重要，包括合作方式和控制风险方式，进而提高组织及其相关方的绩效。

（2）对目标和价值观，与相关方有共同的理解

组织应向相关方传递组织的要求，包括目标和价值观，同时，也尽可能全面掌握相关方的目标和价值观，并就这些目标和价值观进行充分交流和沟通，达成一致的理解。这样可以使彼此的合作关系融和。

（3）通过共享资源和能力，以及管理与质量有关的风险，增加为相关方创造价值的能力

组织应尽可能与相关方合作的方式予以识别，包括分享有价值的信息，向相关方提供必要的资源和质量控制方法，派驻人员进行现场辅导，管理共同的风险，增强为相关方创造价值的能力。

（4）使产品和服务稳定流动的、管理良好的供应链

组织应对整个供应链进行管理，包括持续识别、评价、选择和优化外部供方资源，进而可以确保其供应链向组织持续稳定地提供过程、产品和服务。

8.4　可开展的活动

　　——确定组织和相关方（例如：供方、合作伙伴、顾客、投资者、雇员或整个社会）的关系；

　　——确保需要优先管理的相关方的关系；

　　——建立权衡短期收益与长期考虑的关系；

　　——收集并与相关方共享信息、专业知识和资源；

　　——适当时，测量绩效并向相关方报告，以增加改进的主动性；

　　——与供方、合作伙伴及其他相关方共同开展开发和改进活动；

　　——鼓励和表彰供方与合作伙伴的改进和成绩。